Flex und Flora

Deutsch

4

Lesen

Erarbeitet von

Heike Baligand, Niedersachsen

Angelika Föhl, Baden-Württemberg

Nadine Pistor, Nordrhein-Westfalen

Bettina Sievert, Nordrhein-Westfalen

in Zusammenarbeit mit der

Redaktion Grundschule

Für die Ausleihe bearbeitet von

Heike Baligand, Niedersachsen

Katharina Jorga, Baden-Württemberg

Caroline Tautz, Hessen

Christina von Weyhe, Niedersachsen

Unter beratender Mitwirkung von

Marion Aufleger, Hessen; Nadin Haida-Herklotz, Berlin/Brandenburg;
Dr. Erwin Hajek, Baden-Württemberg; Jessica Heide, Saarland;
Alexandra Herbon Carou, Rheinland-Pfalz; Tanja Holtz, Niedersachsen;
Petra Klein, Saarland; Esther Mager, Schleswig-Holstein;
Nicole Pleus-Quiter, Niedersachsen; Insa Scheller, Hamburg

Illustriert von

Karoline Kehr, Susanne Schulte

Diesterweg
westermann

Inhaltsverzeichnis

Genau lesen und handeln

...schön,
da drinnen zu sein?
...durchgerüttelt?
... nur für mich?
... Mittelpunkt?

In der Kugel
von Juliane Blech

Ich möchte auch mal in eine Schneekugel rein,
stell' es mir schön vor, da drinnen zu sein.
Von außen können mich alle sehen,
innen kann mir nicht viel geschehen.
Und jedes Mal, wenn einer schüttelt,
wird um mich herum alles durchgerüttelt.
Da stieben die Flocken, fliegen
kreuz und quer, wirbeln wild sie rings umher.
Es schneit Sekunden nur für mich,
im Mittelpunkt, da stünde ich.

1 Lies das Gedicht oben im Bild.
Male dich in einer Schneekugel.

2 Stell dir vor, du würdest in einer Schneekugel sein.
Sprich mit einem Partner über diese Fragen:

a) Was bedeutet es, im Mittelpunkt zu stehen?

b) Warum könnte sich jemand wünschen, in einer Schneekugel zu sein?

c) Welche Nachteile könnte es haben, in einer Schneekugel zu sein?

3 Hast du schon einmal im Internet nach Informationen
gesucht? Wenn ja, wo kann man im Internet
nach Informationen suchen?
Schreibe ins Heft.

3) ...

4 Lies die Sätze.
Sprich mit einem Partner darüber,
ob die Sätze stimmen oder nicht.

Im Internet gibt es Seiten extra für Kinder.

Im Internet dürfen Kinder nicht nach Informationen suchen.

Wenn ich im Internet etwas sehe oder lese und dann ein
ungutes Gefühl habe, sage ich das einem Erwachsenen.

Man darf im Internet Lügen über andere verbreiten.

Ich will wissen,
wie man eine Schneekugel
bastelt.

5 Suche im Internet eine Bastelanleitung für eine Schneekugel
und stelle sie her.

Ein Bild zu einem Gedicht malen
Den Inhalt eines Gedichtes bezogen auf die eigene Person bewerten
Über Vorerfahrungen zum Internet und zur Internetrecherche nachdenken

Leserätsel lösen

1 Lies den Rätseltext.
Ergänze die fehlenden Informationen im Heft.

1)	Tilo	Selma	Lasse	Mina
Reiseziel				
Reisedauer				
Mitreisende	Vater			

Reiseziel  Tilo  Selma

Reisedauer

 Lasse Mina

Mitreisende

Sommerurlaub

Das Mädchen, das nach Spanien gefahren ist,
ist drei Wochen dort geblieben.
Der Urlaub in der Türkei dauerte sechs Wochen.
Tilo hat zusammen mit seinem Vater Urlaub gemacht.
5 Der andere Junge war mit Oma und Opa unterwegs.
In Spanien hat Mina mit ihrer Mutter Urlaub gemacht.
Selma war mit ihren Eltern in der Türkei.
Ein Junge war vier Wochen mit seinen Großeltern in Schweden.
Eine Woche Urlaub in Bayern hat Tilo gut gefallen.

Lies die Rätseltexte
mehrmals hintereinander.
Schreibe erst, wenn du etwas
sicher weißt.

2 Lies den Rätseltext.
Zeichne vier Kinder ins Heft.
Ergänze Name, T-Shirt-Farbe
und den Wunsch für die Sportstunde im Bild.

**Wer wünscht sich
was für die Sportstunde?**
Die Person mit dem roten T-Shirt
würde gern Fußball spielen.
Hinter Aylin steht jemand
in einem schwarzen T-Shirt.
5 Oskar steht zwischen Jonas und Marlene.
Die letzte Person in der Reihe
hat ein gelbes T-Shirt an.
Marlene will gern mit dem Rollbrett fahren.
Aylin ist die Erste in der Reihe.
10 Der andere Junge hat ein blaues T-Shirt an.
Jonas will am liebsten Basketball spielen.
Die letzte Person in der Reihe ist ein Mädchen.
Ein anderes Kind will Kunststücke mit dem Seil einüben.

Informationen aus einem Rätseltext verschriftlichen
Informationen aus einem Rätseltext kombinieren und zeichnerisch umsetzen

68 AH S. 68–69

5

Informationen im Internet suchen

1 Besuche im Internet die Kindersuchmaschine
www.fragfinn.de. Schau dir die Startseite an.
Schreibe ins Heft:

a) Zu welchem Thema findest du heute Informationen auf der Startseite?

b) Gibt es einen Surftipp des Tages? Was wird empfohlen?

> 1a) …
>   b)

2 Nach welchen Informationen würdest du gern
mithilfe der Kindersuchmaschine suchen?
Schreibe ins Heft.

> 2) Ich würde gern …

3 Finde heraus, was man beachten muss,
wenn man Informationen im Internet sucht.
Klicke dazu auf das Feld **problemLÖSER**
auf der Seite www.fragfinn.de.
Es öffnet sich eine neue Seite im Internet.
Informiere dich.

4 Welche Tipps solltest du beachten,
wenn du etwas im Internet suchst?
Schreibe ins Heft.

> 4) …

5 a) Wähle ein Thema von Aufgabe 2 aus,
zu dem du Informationen im Internet
finden möchtest. Was würdest du auf
www.fragfinn.de in das Feld **Ich suche** eingeben?
Überlege.

b) Gib das, was du dir überlegt hast,
auf der Seite www.fragfinn.de im Feld **Ich suche** ein.
Klicke dich durch die Ergebnisse deiner Suche.

> Nicht alles, was du im Internet liest, muss stimmen.

6 Erzähle einem Partner, wie deine Suche
nach Informationen im Internet verlaufen ist.

7 Es gibt weitere Kindersuchmaschinen im Internet (www.blinde-kuh.de,
www.helles-koepfchen.de, www.hamsterkiste.de, …).
Wähle eine Suchmaschine aus. Gib deine Anfrage von Aufgabe 5 in das Suchfeld ein
und klicke dich durch die Ergebnisse.

8 Vergleiche deine Ergebnisse von Aufgabe 5 und 7 und erzähle einem Partner:

a) Passen die Ergebnisse zu deiner Suche?

b) Ist der Inhalt für dich verständlich?

c) Hast du Kindersuchmaschinen mit Werbung gefunden?

Informationen nach Anleitung im Internet suchen
Interessengeleitet recherchieren und über den Verlauf einer Recherche sprechen
Verschiedene Suchmaschinen kriterienorientiert vergleichen

Lesen und zaubern

1 Lies die Anleitung für den Zaubertrick.

Der einhändige Knoten
Nur, wer den Trick kennt, kann schnell einen Knoten mit nur einer Hand machen. Das können deine Zuschauer vor deiner Vorführung ruhig mal ausprobieren. Übung macht den Meister!

Vorbereitung:
Du brauchst ein Seil.

So funktioniert der Zaubertrick:
Lege das Seil wie auf dem Bild
zu sehen über deinen Handrücken.
Nun hast du ein kurzes
und ein langes Ende.
Das kurze Ende des Seils
liegt über dem Handrücken.

Greife nun das lange Ende
mit dem kleinen Finger.

Greife dann das kurze Ende
mit Mittelfinger und Zeigefinger.

Lass nun das Seil über die Finger
nach unten fallen.
Fertig ist der einhändige Knoten!

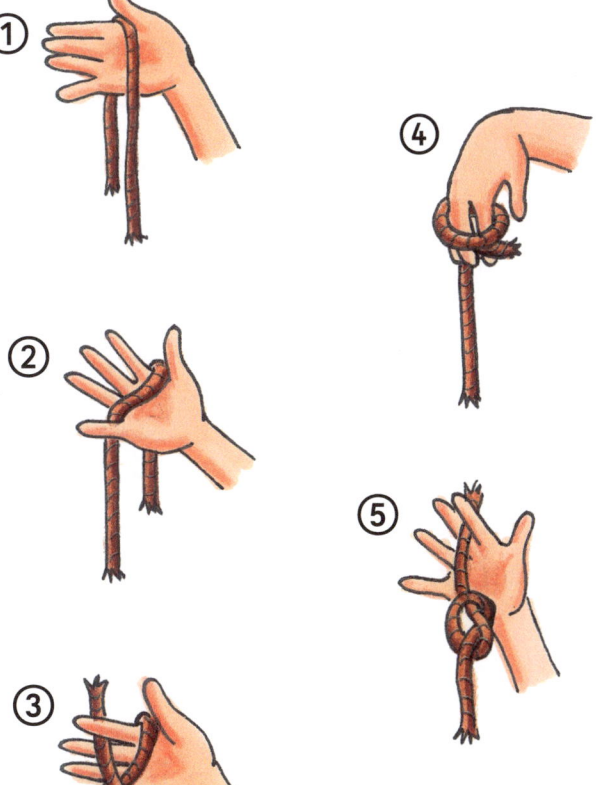

2 Übe diesen Zaubertrick so lange, bis du ihn gut kannst.
Du kannst dir auch einen Zauberspruch dazu ausdenken.

3 Schau dir im Internet einen Film an,
in dem dieser Zaubertrick erklärt wird.
Gehe auf www.wissen-macht-ah.de.
Klicke dann links auf **Bibliothek**
und dann auf **Das famose Experiment**.
Wenn du dann **Zum Angeben** anklickst,
findest du den Film zum Trick
unter **Mini Ah!: Einhändiger Knoten**.

Du kannst auf
der Internetseite auch **Bibliothek**
anklicken und dann das Suchwort
Einhändiger Knoten eingeben.

4 Führe diesen Zaubertrick jemandem aus deiner Familie vor.

Einen Zaubertrick lesen und handelnd umsetzen
Nach Anleitung einen Videoclip im Internet finden und anschauen
Einen Zaubertrick präsentieren

Lesen und ordnen

1 Lies die Scherzfragen und die Antworten. Zeige, was zusammengehört.

Welche Frage kann man nie mit „Ja" beantworten?

Die Störchin.

Was steht auf einem Bein und ist grün?

„Schläfst du?"

Welcher Vogel sieht dem Storch am ähnlichsten?

Ein Frosch beim Ballett.

2 Lies die Fabel.

> In der Fabel sprechen, fühlen, handeln oder denken Tiere wie Menschen. Aus Fabeln kann man etwas lernen.

Der kranke Löwe und der Fuchs
nach La Fontaine

Und alle Tiere kamen. Nur der Fuchs folgte der Einladung nicht.

Der Löwe ließ eines Tages die Nachricht verbreiten, er sei krank. Und er lud alle Tiere in seine Höhle ein und versprach ihnen, keinem ein Leid anzutun.

„Ich habe Fußspuren gesehen. Sie führten alle zur Höhle des Löwen. Doch ich sah keine Spur, die aus der Höhle herausführte."

Als er gefragt wurde, warum er nicht gegangen sei, antwortete er:

3 Ordne die Textteile der Fabel von Aufgabe 2.
Lies einem Partner die Fabel in der richtigen Reihenfolge vor.

Verstehend lesen und Antworten Scherzfragen zuordnen
Textteile ordnen und in der richtigen Reihenfolge vorlesen

Aussagen Textsorten zuordnen

1 Lies, was die Kinder sagen.

Maodo

> Ich lese gern Texte, die in Sprechblasen stehen. Durch die Bilder kann ich mir gut vorstellen, was da gerade passiert. Manche Wörter sind lustig geschrieben. Schreit zum Beispiel jemand, ist die Schrift riesig.

Sachtext

Helin

> Ich lese gern spannende Geschichten, in denen Verbrechen oder Ungerechtigkeiten aufgeklärt werden.

Comic

Max

> Ich mag Texte, in denen sich die Wörter am Ende der Verse reimen. Diese Texte sind oft kurz, aber es wird viel darin erzählt. Ich lerne diese Texte manchmal auswendig.

Märchen

Julika

> Ich mag Geschichten mit Hexen, Zauberern, Feen und sprechenden Tieren, bei denen es am Ende immer gut ausgeht. Manchmal beginnen diese Texte mit: Es war einmal ...

Krimi

Frederik

> Ich informiere mich gern über Lebewesen und Dinge. Die Texte, die ich gern lese, geben Antworten auf verschiedene Fragen.

Gedicht

2 Welche Textsorten lesen die Kinder gern? Schreibe ins Heft.

2) Maodo: ...

3 Welches Kind von Aufgabe 1 könnte welchen dieser Sätze sagen? Schreibe den passenden Namen ins Heft.

3a) ...

a) „Ich lerne beim Lesen gern etwas Neues dazu und bin dann schlauer."

b) „Ich vergesse beim Lesen alles um mich herum. Ich stelle mir oft vor, ich bin eine Person im Buch und löse selbst einen Fall."

Eine Fabel ordnen

 1 Suche dir zwei Kinder für eine Gruppe.

 2 Lest den Anfang der Fabel.

Der Löwe und die Maus
von Aesop

A Der Löwe hatte sich gerade für ein kleines Mittagsschläfchen hingelegt, da berührte plötzlich etwas seinen Schwanz. Der Löwe erschrak und sprang auf. Da sah er mit Erstaunen: Es war nur eine kleine Maus.
Der Löwe war wütend, weil er geweckt worden war, und packte die Maus mit seiner Pranke.

 3 Teilt die restlichen sechs Absätze der Fabel untereinander auf.
Jeder liest zwei Absätze für sich.

B „Was du gedacht hast, interessiert mich nicht. Das Einzige, was zählt, ist: Du hast es gewagt, den König der Tiere zu wecken." Der Löwe schien unerbittlich. „Sei gnädig, großer König aller Tiere", piepste die Maus unterwürfig. „Ich werde dir ewig dankbar sein, wenn du mich laufen lässt. Wer weiß, vielleicht kann ich mich einmal revanchieren[1] und dir helfen."

C Einige Tage später tappte der Löwe in eine Falle. Ein Jäger hatte eine Ziege als Köder angebunden und über ihr ein großes Netz gespannt.
Als der Löwe die Ziege reißen wollte, zog sich das Netz über ihm zusammen. Der König der Tiere konnte sich nicht befreien, so sehr er sich auch anstrengte. Erschöpft und entsetzt dachte er: „Jetzt werden bald die Jäger kommen und mir das Fell über die Ohren ziehen."

D „Du? Du willst mir helfen?" Jetzt musste der Löwe herzlich lachen. „Du, eine Maus, bietest mir deine Hilfe an? Ich könnte mich totlachen. Der Witz ist gut." Der Löwe war nun nicht mehr wütend, im Gegenteil, er war so gut gelaunt, dass er sogar scherzte: „Du hast Glück, ich habe mir gerade die Zähne geputzt, also lauf!" „Danke dir, oh großer Löwe! Das wirst du nicht bereuen!" Die Maus machte einen Knicks und verschwand im Gebüsch.

---

[1] sich für etwas mit einer Gegenleistung bedanken

Eine Arbeitsgruppe bilden
Textteile lesen

E Als er müde, verschwitzt und ohne jede Hoffnung vor sich hin jammerte, hörte er plötzlich ein Piepsen neben seinem Ohr. „Keine Angst, Herr Löwe. Ich bin ja da!", sagte eine zarte Stimme. Der Löwe verdrehte die Augen und sah mit Erstaunen die kleine Maus, der er vor kurzem das Leben geschenkt hatte. „Ich werde dich befreien", beruhigte ihn die Maus.

F „Du unnützes, kleines Tier!", brüllte er. „Du wagst es, mich, den König der Tiere, zu wecken? Du bist so gut wie tot!" „Entschuldige bitte vielmals", piepste die Maus. „Nichts da, jetzt fresse ich dich auf!"
„Aber ich bin doch so klein. Du wirst es gar nicht merken, wenn du mich verschlingst." „Woher hast du eigentlich den Mut genommen, mich zu wecken?", wollte der Löwe wissen. „Ich habe dich gar nicht absichtlich geweckt. Deine Schwanzspitze lag direkt vor meinem Mauseloch. Ich wollte gerade ausgehen und dachte, es wäre ein Grasbüschel", erklärte die Maus.

G „Ja ... aber ... kannst du das denn?", fragte der Löwe ungläubig.
„Aber natürlich. Nichts leichter als das. Meine Zähne sind scharf wie ein Messer. Was du mit deinen großen Pranken nicht kannst, das kann ich mit meinen kleinen Mäusezähnen." Die Maus machte sich sofort an die Arbeit. Eifrig knabberte sie an dem Netz. Einen Strick nach dem anderen biss sie durch. Bald war der Löwe frei. Der König der Tiere bedankte sich herzlich bei der kleinen Maus und beide gingen zufrieden ihrer Wege.
Man soll nicht überheblich sein, auch einer, der klein, schwach und unbedeutend ist, kann irgendwann hilfreich sein.

 4 a) Erzählt euch gegenseitig, was ihr gelesen habt.

      b) Schreibt die Absätze der Fabel
        in der richtigen Reihenfolge ins Heft.

> 4b) 1 = A
>   2 = ...

 5 Lest euch die Fabel in der richtigen Reihenfolge vor.
Jeder liest die zwei Absätze, die er in Aufgabe 3 ausgewählt hat.
Überprüft dabei, ob die Geschichte nun einen Sinn ergibt.

 6 Überlegt euch eine Situation aus eurem Alltag,
die zu der Fabel passt. Erzählt davon.

Das Gelesene mündlich wiedergeben
Textteile in die richtige Reihenfolge bringen und das Ergebnis durch Vorlesen überprüfen
Eine Fabel in einen realistischen Kontext übertragen

11

Schwierige Wörter ...

1 Was kannst du tun, wenn du nicht weißt, was Wörter bedeuten? Sprich mit einem Partner darüber.

2 Lies den Text. Schreibe die Wörter, die du nicht verstehst, ins Heft.

2) ...

Fossile Ammoniten und der noch lebende Nautilus
von Dr. Theobald Wurzing

Die Ammoniten gehören zu den bekanntesten Fossilien. Sie lebten ausschließlich im Meer und sind schon vor vielen Millionen Jahren zusammen mit den Dinosauriern ausgestorben. Von den Ammoniten gab es 30 000 bis
5 40 000 verschiedene Arten und man findet so auch heute noch fossile Exemplare dieser Weichtiere.

Ein besonderes Kennzeichen der Ammoniten war das gewundene Gehäuse, das eine ähnliche Form hat wie das Gehäuse der Schnecken. Im Gehäuse befanden sich
10 viele aneinandergereihte Kammern. In der größten und vordersten Kammer befand sich der Weichkörper des Tieres. Diese Kammer nennt man Wohnkammer. Ammoniten waren Kopffüßler. Das bedeutet, dass sich an ihren Kopf direkt die Fangarme anschlossen.
15 Wie viele Fangarme die Ammoniten hatten, ist unklar.

Im Indischen Ozean findet man noch heute Kopffüßler, die den Ammoniten ähnlich sind.
Einer dieser Kopffüßler ist der Nautilus.

Kleines Lexikon zum Text Ammoniten

Ammoniten
Ammoniten sind eine ausgestorbene Art von Weichtieren.

Exemplar Einzelstück

Fossil Versteinerung
fossil versteinert

Weichtiere
Weichtiere haben keine Knochen, aber oft Schalen oder Gehäuse. Muscheln und Schnecken gehören auch zu den Weichtieren.

Sich schwierige Wörter und Textstellen bewusst machen
Einen Sachtext lesen
Individuell schwierige Wörter im Text erkennen

... und Textstellen verstehen

Schaut man sich den Nautilus genauer an, so kann man sich vorstellen, wie der Körper
20 des Ammoniten aufgebaut gewesen sein könnte.

Die Schale des Nautilus ist in verschiedene Kammern eingeteilt. Die Kammern sind
durch Kammerscheidewände gegliedert und werden durch einen fleischigen Strang
miteinander verbunden. Diesen Strang, der durch Öffnungen in den Scheidewänden
verläuft, nennt man auch Sipho. Durch den Sipho pumpt der Nautilus Gas oder Wasser
25 in die hinteren Kammern und taucht oder steigt so wie ein U-Boot ab oder auf.
In der Wohnkammer befindet sich der Weichkörper des Nautilus. Ein Nautilus hat
viele Tentakel, die er zum Ergreifen seiner Beute nutzt. Bei Gefahr zieht er sich
in seine Wohnkammer zurück und ist durch die Schale geschützt.

 3 a) Zeige einem Partner die Wörter im letzten Absatz im Text von Aufgabe 2:
  Kammerscheidewände, **Wohnkammer**, **Weichkörper**, **Tentakel**, **Sipho**.

  b) Zeige ihm die Wörter nun in den Abbildungen.

4 Finde die Bedeutung der Wörter heraus, die du in Aufgabe 2 aufgeschrieben hast.
  Nutze die Erklärungen im **Kleinen Lexikon** neben dem Text
  oder frage jemanden.

5 Lies den Text noch einmal und überprüfe, ob du nun alles verstehst.

6 Erkläre einem Partner, was Ammoniten mit dem Nautilus gemeinsam haben.

> **Wenn du Wörter oder Textstellen nicht verstehst**, können dir diese **Tipps** helfen:
>
> – Lies die Wörter und Sätze vor und nach der schwierigen Stelle noch einmal.
>
> – Schau dir die Bilder neben dem Text an und suche dort nach Erklärungen.
>
> – Schlage die Wörter in einem Wörterbuch für fremde Wörter oder in einem Lexikon
>   nach oder suche im Internet nach Erklärungen.
>
> – Mache dir eine Skizze von dem, was du gelesen hast.

Fachbegriffe in Text und Bild finden
Vorgegebene Wörter klären und das Leseverstehen überprüfen
Hilfen zum besseren Textverständnis kennenlernen

72 AH S. 72–73

13

1 Lies die Geschichte.

Das Waldkonzert
von Marlies Bardeli

Die Mücke spielt auf ihrer Geige eine zarte Melodie. „Das kann ich besser!",
denkt die Grille und trillert kunstvoll auf dem Cello. „Die beiden übertrumpfe
ich glatt!", sagt der Frosch und setzt sein Saxophon an die Lippen.
„Wie schrecklich der Frosch spielt!", ruft die Ente und greift zur Oboe.
5 „Nicht schlecht, die Ente", denkt der Fuchs und versucht sich auf dem Fagott.
Das Eichhörnchen saust am Stamm der Birke hinunter, die Blockflöte unter dem
Arm. Der Hirsch schiebt das Xylophon auf die Waldlichtung. Seine Frau,
die Hirschkuh, holt die Pauke hervor und seine Cousine, das Reh, die Bratsche.
Der Igel schlägt die Triangel. Schließlich setzt das Wildschwein sein Waldhorn
10 an die Lippen und übertönt damit alle anderen.

Welch ein Getöse! Jeder will der Beste und der Lauteste sein. Die Leute aus
der nahen Siedlung verrammeln die Fenster. Die Sonne zieht sich einen
Wolkenvorhang vors Gesicht. Der Marienkäfer hält sich die Ohren zu.
Der Schmetterling sucht das Weite. Der Dachs bekommt Zahnschmerzen
15 und die Eule, die ja tagsüber schläft, fällt vor Schreck fast vom Ast.
Die Nachtigall fliegt entsetzt zu ihrer Freundin, der Amsel. Was können sie
nur machen gegen den Krach? Sie fragen den Hasen um Rat.

„Wir müssen eine Musik erfinden, in der alles zusammenpasst", sagt dieser.
„Und man muss sie aufschreiben, das heißt komponieren", fügt die Amsel hinzu.
20 „Und dann muss jemand dirigieren[1]", sagt die Nachtigall. Wer aber kann
komponieren? Na, der Specht natürlich, das ist im ganzen Wald bekannt.
Und der Hase kann es auch ein wenig. Die beiden machen sich an die Arbeit.
Es dauert viele Tage. Komponisten brauchen Zeit und Ruhe, deshalb müssen
die anderen Tiere leise sein. Die Leute in der Siedlung wundern sich über die
25 plötzliche Stille im Wald, und die Sonne schaut neugierig zwischen den Wolken
hervor. Schließlich sind der Specht und der Hase fertig, und jedes Tier bekommt
eine eigene Stimme. Sie singen jedem seine Stimme vor oder schreiben sie in
den Sand. Nun müssen die Tiere üben, jedes für sich.

---

[1]Ein Dirigent leitet eine Gruppe von Musikern. Er sorgt dafür, dass die Musik schön klingt.

... in einer Geschichte klären

Dann ist es endlich soweit, das Waldkonzert soll aufgeführt werden.

30 Eine finnische Graugans wird dirigieren, ihr Ruf als Dirigentin ist groß.
Von weit her kommen die Gäste. Sie haben sich fein gemacht. Die Kröte trägt
einen Kranz aus Kleeblättern auf dem Kopf. Die Eule hat ihr Gefieder mit
Kornblumen geschmückt. Der Regenwurm duftet nach Rosen, und der Marder
hat sich eine Mohnblüte ins Knopfloch seiner Weste gesteckt. Da hebt die

35 Graugans den Taktstock und das Orchester setzt ein. Wie schön das klingt!
Die Sonne schiebt alle Wolken beiseite, und die Leute in der Siedlung öffnen die
Fenster weit. Es kommen immer mehr Tiere herbei. Als die Nachtigall zu singen
beginnt, wissen alle, dass es schöner nicht werden kann.

Zum Abschluss spielt das Orchester mit so viel Schwung, dass der Marder

40 mit der Kröte zu tanzen beginnt. Der Specht und der Hase
bekommen einen Sonderapplaus, und der Hirsch, der König des Waldes,
bestellt ein Sommerkonzert für das nächste Jahr mit einem großen Solo für
sein Instrument, das Xylophon. „Immer der Hirsch, dieser Wichtigtuer!", sagt das
Wildschwein. „Das Solo hätte mir gebührt mit meinem Waldhorn.

45 Aber es gibt ja noch viele Sommer."

2 Welches Tier spielt welches Instrument?
Suche die Informationen im Text
und vergleiche sie mit dem Bild.
Schreibe die Tiere und ihre Instrumente ins Heft.

> 2) Mücke: Geige
> Grille: …

3 Was bedeutet das Wort **komponieren** und das Wort **dirigieren**?
Finde die passenden Sätze im Text und in der Erklärung.

4 Erkläre einem Partner, was **komponieren**
und was **dirigieren** bedeutet.

Eine Illustration für das Textverständnis nutzen
Fußzeile zur Klärung von Wörtern nutzen
Den Textzusammenhang zur Klärung schwieriger Textstellen nutzen

L2

1   Wie kannst du dir das, was du gelesen hast, besser merken?
    Welche Möglichkeiten kennst du?
    Sprich mit einem Partner darüber.

2   Lies den Sachtext.
    Kläre Wörter, die du nicht verstehst.

Das Leben auf der Burg

von Hans-Peter von Peschke

A
Das Leben auf einer Burg war weit weniger romantisch,
als wir es aus Ritterfilmen oder Ritterromanen kennen.
Die wenigen Kamine heizten nur unvollkommen die Räume,
durch die an stürmischen Tagen der Wind pfiff.
Nachts waren Hallen und Treppen wenig oder gar nicht beleuchtet.
Im Streu auf dem Fußboden huschten Ratten
und die Küchengerüche vermischten sich mit denen von Unrat.

B
Alle Burgbewohner, auch die Familie des Burgherren,
arbeiteten von früh bis spät,
nur der Sonntag blieb mit wenigen Ausnahmen frei.
Es gab wenig Freizeit und noch weniger Abwechslung.

Einen Sachtext lesen
Möglichkeiten zum Zusammenfassen von Informationen verbalisieren
Unbekannte Wörter klären

... zusammenfassen

C

Anders als wir heute wusch man sich auf einer Burg
nicht regelmäßig am Abend und am Morgen.
Dazu war auch das Wasser viel zu kostbar.
Baden war – mit Ausnahme eines Sprungs
in einen sommerlichen Teich – eine Angelegenheit
der Familie des Burgherren.
Nur sie konnten sich das teure Vergnügen leisten,
mit kostbarem Feuerholz Wasser zu erhitzen.

D

Offen getragenes, langes Haar war der Stolz jeder Edelfrau
und auch die Ritter pflegten den Bart und die halblange Pagenfrisur.
Leider nisteten sich dort aber gern Läuse ein,
die nur schwer loszuwerden waren.
Mehrmals täglich benutzten Frauen wie Männer feine Kämme,
um die Läuse und ihre Eier, die Nissen, aus dem Haar zu entfernen.
Auch Flöhe gehörten zu den Quälgeistern.

3 Schreibe ins Heft ab,
was du in jedem Absatz besonders wichtig
oder interessant findest.

> 3) Absatz A:
>   Die wenigen ...

4 Lies noch einmal das,
was du abgeschrieben hast.
Schreibe zu jedem Absatz
höchstens fünf Stichworte ins Heft.
Schreibe das auf, was dir besonders wichtig ist.

> 4) Absatz A:
>   - kalt
>   - kaum Beleuchtung
>   - Gestank

5 Lies zu jedem Absatz deine Stichworte.
Finde zu jedem Absatz eine passende Überschrift
und schreibe sie ins Heft.

> 5) Absatz A:
>   Wohnen auf der Burg

6 Lies einem Partner die erste
Zwischenüberschrift vor.
Erzähle ihm dann mithilfe der Stichworte,
was in dem Absatz steht.
Bearbeite so den ganzen Text.

> Stichworte können
> einzelne Wörter, Satzteile
> oder kurze Sätze sein.

Individuell bedeutsame Wörter und individuell wichtige Informationen finden
Stichworte zu Textteilen notieren
Semantisch passende Zwischenüberschriften formulieren und nutzen

Zwischenüberschriften formulieren

1 Lies den Sachtext.
Kläre Wörter, die du nicht verstehst.

Das Medium Radio
von Martin Nader

Um Radio hören zu können, brauchst du ein Empfangsgerät.
Das kann ein ganz normales Radiogerät in einer Stereoanlage sein,
aber auch über Digitalradiogeräte, den Computer, ein Tablet oder ein Handy
kannst du Radio hören. Wenn du mit Hilfe deines Computers die Internetseite
eines Radiosenders besuchst, kannst du das aktuelle Radioprogramm hören.
Auch für das Smartphone gibt es spezielle Apps, mit denen du
Radioprogramme empfangen kannst.

Im Radioprogramm wechseln sich Musik und Wortbeiträge ab.
Die Wortbeiträge können ganz unterschiedlich sein. Es gibt Nachrichten,
Wettervorhersagen, Verkehrshinweise, Geschichten, Interviews, Hörspiele,
Sportreportagen und vieles mehr. Du musst nicht die ganze Zeit
konzentriert zuhören. Radio hört man oft nur nebenbei.

Über das Digitalradio und über das Internet kannst du ein Radioprogramm
speziell für Kinder empfangen. Der Kinderradiokanal KiRaKa sendet in der Zeit
von 6 bis 22 Uhr jeden Tag Musik, Hörspiele, Rätsel, Gespräche und vieles
mehr. Unter www.kiraka.de kannst du dich informieren.

2 Überlege dir, welche Informationen du
in jedem Absatz erhältst.
Schreibe zu jedem Absatz die Wörter,
die dir wichtig sind, ins Heft.

> 2) ...

> Die Wörter, die du
> in Aufgabe 2 notiert hast,
> helfen dir dabei, eine Überschrift
> zu finden.

3 Finde zu jedem Absatz eine passende Überschrift.
Schreibe sie ins Heft.

> 3) A: ...

4 Informiere einen Partner über das,
was du über das Radio weißt.
Die Zwischenüberschriften helfen dir dabei.

Einen Sachtext lesen und schwierige Wörter klären
Individuell bedeutsame Wörter und individuell wichtige Informationen notieren
Semantisch passende Zwischenüberschriften formulieren und nutzen

Stichworte sammeln

1 Lies den Sachtext.

Haie
von Mary Pope Osborne

Haie sind keine Säugetiere, sondern Fische.

Sie sind eine besondere Fischart und gehören zu den Knorpelfischen.

Haie besitzen nämlich kein Skelett aus Knochen wie andere Fische.

Sie haben stattdessen ein kräftiges, radiergummiartiges Skelett aus Knorpel.

5 Haie haben eine Menge Zähne. Viele haben sogar fünf Zahnreihen.

Das ist ziemlich praktisch, denn sie verlieren ihre Zähne andauernd!

Erwachsene Haie nutzen tausende von Zähnen während ihres Lebens ab.

Fällt ein Zahn aus, rückt ein anderer nach vorne.

Haie haben eine sehr raue Haut, die sie vor Verletzungen schützt.

10 Sie besteht aus kleinen Furchen, die in Wirklichkeit winzige Zähne sind.

Wenn ein Fisch oder Mensch sich daran reibt,

kann dies zu Verletzungen führen.

Haie sind schnelle Schwimmer.

Normalerweise schwimmen sie mit einer Geschwindigkeit

15 von zwei bis fünf Kilometern pro Stunde. Aber wenn sie müssen,

können sie noch viel schneller schwimmen.

Haie haben keine Lungen. Stattdessen besitzen sie

fünf bis sechs Kiemenpaare, die sich beiderseits

am Kopf befinden. Kiemen sind kleine Öffnungen.

20 Sie filtern den Sauerstoff aus dem Wasser

und geben ihn an den Körper des Hais weiter.

2 Gliedere den Text in Absätze.
Schreibe ins Heft.

> Ein Absatz ist immer da,
> wo etwas Neues beginnt.

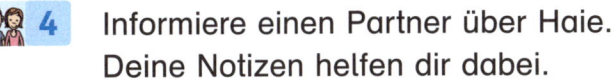

> 2) Absatz 1: Zeile 1 – 4
> Absatz 2: ...

3 Mache dir im Heft Notizen
zu jedem Absatz.

4 Informiere einen Partner über Haie.
Deine Notizen helfen dir dabei.

5 Finde weitere Informationen über Haie.
Nutze Fachbücher oder das Internet.
Mache dir Notizen und informiere einen Partner.

Einen Sachtext lesen und in Absätze gliedern
Individuell bedeutsame Wörter finden und notieren
Stichworte für einen Vortrag nutzen

19

Die Lesekarten kennenlernen ...

1 Suche dir einen Partner.

2 Schaut euch die Lesekarten nacheinander an.
   Was kennt ihr schon? Was ist neu für euch?
   Sprecht darüber.

3 Nun arbeitet jeder allein.
   Schau dir die Überschrift und die Bilder
   neben dem Text von Aufgabe 5 an.
   Mache dir zu den Fragen
   von Karte **1** *Vorwissen aktivieren* Notizen im Heft.

3) ...

4 Vergleicht das, was ihr bei Aufgabe 3 aufgeschrieben habt.

5 Lies den Text allein.
   Gehe so vor, wie es auf Karte **2** *Genau lesen* steht.

Die Maya
von Fabian Lenk

Erste Spuren der Maya lassen sich bereits etwa
2000 vor Christus finden – und zwar im Süden Mexikos,
auf der Halbinsel Yucátan. Ihr Reich bestand aus
unabhängigen Stadtstaaten, verbunden durch
5 eine gemeinsame Religion und ein Netz von
Handelsstraßen. Ihre große Blüte erlebten die Maya
zwischen 300 und 900 nach Christus.

Die Maya sind eine Volksgruppe, die es schon seit vielen tausend Jahren in Mittelamerika gibt.

Die Lesekarten als Hilfsmittel zum besseren Textverständnis kennenlernen
Die Lesestrategie *Vorwissen aktivieren* anwenden und darüber sprechen
Einen Sachtext systematisch unter Beachtung von Lesestrategien lesen

... und über einen Text sprechen

Als einziges Volk auf diesem Kontinent entwickelten die
Maya eine Schrift. Diese bestand aus einem System von
10 über 800 Glyphen[1]. Manche dieser Zeichen standen für
Begriffe, andere für Silben. Man konnte sie unendlich oft
miteinander kombinieren und neue Bedeutungen schaffen.
Die Maya schrieben auch Bücher. Aus zerstampften
Holzfasern stellten sie eine Art Papier her, das sie
15 beschrifteten. Dieses Papier war mehrere Meter lang

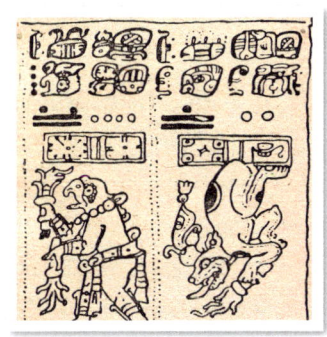

und wurde wie eine Ziehharmonika gefaltet. Nur vier Bücher sind jedoch erhalten
geblieben – die spanischen Eroberer und Goldsucher, die die Maya um 1550
unterwarfen, hielten die Maya-Bücher für Teufelswerk und verbrannten Tausende
der Schriften.

20 Heute leben etwa sechs Millionen Maya auf der
Halbinsel Yucatán sowie in den Ländern Belize,
Guatemala und Honduras. In Guatemala
stellen die Maya 40 Prozent der Bevölkerung.
Wie früher leben die meisten Maya auch heute noch
25 vom Maisanbau. Ihre Religion ist eine Mischung

aus Christentum und alten Traditionen. Nach wie vor
wird den Göttern etwas geopfert, zum Beispiel Hühner. Traditionen werden auch
bei der Kleidung gepflegt, um sich optisch voneinander abzuheben.

6 Erzählt euch, wie ihr Karte **2** *Genau lesen* beim Lesen genutzt habt.
Klärt die Fragen, die beim Lesen aufgetreten sind.
Karte **3** *Wörter und Textstellen klären* kann euch dabei helfen.

7 Jeder überlegt sich drei Fragen zum Text.
Schreibt sie ins Heft und stellt sie euch gegenseitig.
Ihr könnt auch die passende Textstelle
als Antwort vorlesen.

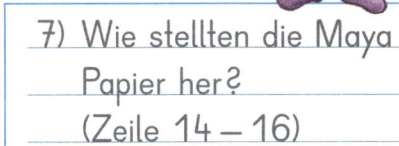

> 7) Wie stellten die Maya
>   Papier her?
>   (Zeile 14 – 16)

8 Überlegt und erzählt euch dann gegenseitig:

a) Welche Informationen waren mir schon bekannt?

b) Was habe ich Neues erfahren?

c) Was war das Interessanteste, das ich im Text erfahren habe?

d) Was hat mich am meisten verwundert oder überrascht?

[1]Glyphen sind Bildzeichen.

Über Erfahrungen mit Lesestrategien beim Lesen eines Textes sprechen
Das Textverständnis sichern
Individuell bedeutsame Informationen aus einem Sachtext benennen

76

21

Eine Ballade mit Hilfe der Lesekarten ...

1 Suche dir drei Kinder für eine Gruppe.

2 Jeder bearbeitet die Karte **1** *Vorwissen aktivieren*
seiner Lesekarten zuerst allein.
Schau dir die Überschrift und die Bilder
neben dem Text auf dieser
und der nächsten Seite an.
Mache dir zu Karte **1** *Vorwissen aktivieren*
Notizen im Heft.

2) ...

Wenn du etwas nicht verstehst, mache dir eine Notiz.

3 Vergleicht und sprecht in der Gruppe über das,
was ihr bei Aufgabe 2 aufgeschrieben habt.

4 Jeder liest die Ballade[1] für sich allein.
Gehe so vor, wie es auf Karte **2** *Genau lesen* steht.

Ballade vom Herrn Latour
Volksgut

Wer sitzt in diesem tiefen Turm,
bewacht von einem Drachenwurm?
Das ist des Grafen Töchterlein,
es sitzt im tiefen Turm allein.
Wo bleibt denn nur der Herr Latour?
  Vive l'a-, vive l'a-, vive l'amour![2]

Da reitet der Herr von Ninive
auf seinem Schimmel in die Höh.
Was will der Herr von Ninive?
Er will das arme Kind befrein,
doch lässt der Wurm ihn nicht herein.
Wo bleibt denn nur der Herr Latour?
  Vive l'a-, vive l'a-, vive l'amour!

---

[1]In der Ballade wird eine Geschichte erzählt. Balladen wurden früher oft gesungen und es wurde
auch zu ihnen getanzt. Oft haben sie einen oder mehrere Verse, die sich wiederholen.
Wie bei vielen Gedichten reimen sich die Verse der meisten Balladen.
[2]„Vive l'a-, vive l'a-, vive l'amour!" ist französisch und bedeutet
„Es lebe die -, es lebe die -, es lebe die Liebe!" L'amour wird ,Lamur' ausgesprochen.

Die Lesestrategie *Vorwissen aktivieren* anwenden
Eine Ballade systematisch unter Beachtung von Lesestrategien lesen

... kooperativ erschließen

Da kommt der Herr von Ehrenwert,
mit Ross und Schild und Spieß und Schwert.
Was tut der Herr von Ehrenwert?
Wie der den Drachen brüllen hört,
da lässt er fallen Schild und Schwert.
Wo bleibt denn nur der Herr Latour?
    Vive l'a-, vive l'a-, vive l'amour!

Da kommt heran der Herr Latour,
bewaffnet mit dem Schwerte nur.
Was macht denn nun der Herr Latour?
Er sprengt heran auf seinem Pferd
und schlägt ihn tot mit seinem Schwert.
Der tapfre, brave Herr Latour!
    Vive l'a-, vive l'a-, vive l'amour!

Wir tanzen um den Turm herum,
der Wurm ist tot, der Turm liegt um!
Was macht denn nun der Herr Latour?
Er setzt das Töchterlein auf sein Ross,
hält Hochzeit dann auf seinem Schloss.
Wir tanzen rund und singen nur:
    Vive l'a-, vive l'a-, vive l'amour!

 5 Erklärt euch, wie ihr Karte **2** *Genau lesen* beim Lesen genutzt habt.
Klärt gemeinsam die Fragen, die beim Lesen aufgetreten sind.
Karte **3** *Wörter und Textstellen klären* kann euch dabei helfen.

 6 Bearbeitet Karte **4** *Über den Text sprechen*.

a) Jeder überlegt sich zwei Fragen zum Text.
Stellt euch abwechselnd Fragen zum Text und beantwortet sie.

b) Erzählt euch gegenseitig, was euch an der Ballade gefällt und was nicht.
Begründet eure Meinung.

 7 Übt die Ballade für einen Vortrag.

a) Jeder übt eine Strophe. Die letzte Strophe wird gemeinsam gelesen.

b) Übt euren Text so lange, bis ihr ihn gut lesen könnt. Verändert eure Stimme so,
dass sie zu dem passt, was ihr lest.

c) Tragt die Ballade eurer Klasse vor.

Über Erfahrungen mit Lesestrategien beim Lesen eines Textes sprechen
Das Textverständnis sichern und eine Meinung zum Gelesenen formulieren
Eine Ballade für einen kooperativen Textvortrag üben und vortragen

Gemeinsam Aufgaben ...

1 Suche dir einen Partner.

2 Welche Aufgaben zu Texten oben aus dem Bild habt ihr schon einmal bearbeitet? Sprecht über eure Erfahrungen und überlegt, was ihr noch mit Texten machen könnt.

3 Lies die Geschichte allein.

Warme Dusche
von Katja Reider

Frau Kühnlein ist eine wirklich gute Lehrerin, sagt Mama immer. Und dass wir uns später gern an sie erinnern werden. Also an Frau Kühnlein, nicht an Mama. Frau Kühnlein ist unsere Klassenlehrerin. Und ich glaube auch, dass wir später gern an sie zurückdenken werden. Denn sie ist echt in Ordnung. Wenn nur die
5 **Warme Dusche** nicht wäre …! Frau Kühnlein liebt die **Warme Dusche** und heute wird ihr Strahl meine Freundin Maja treffen. Maja hatte nämlich am Wochenende Geburtstag und deswegen ist sie heute dran!

Die Klasse hat einen Stuhlkreis gebildet und Maja hockt in der Mitte.
Sie macht ein Gesicht, als hätte Frau Kühnlein ihr gerade zehn Jahre Nachsitzen
10 aufgebrummt oder Schulhof-Fegen oder Alten-Kaugummi-vom-Boden-Schaben.
Sie zieht eine so jammervolle Grimasse, dass ich plötzlich das starke Bedürfnis habe loszukichern. Frau Kühnlein ist bester Laune und ganz in ihrem **Warme-Dusche-Glück**. „Hört mal", sagt sie. „Wie ihr wisst, hatte Maja gestern Geburtstag. Und deswegen wollen wir ihr heute alle sagen, warum wir sie gernhaben
15 und was wir besonders an ihr mögen. Mit einer **Warmen Dusche** aus ganz lieben Worten!"

Verfahrensweisen des handlungs- und produktionsorientierten Literaturunterrichts kennenlernen
Eine realistische Geschichte lesen

... zu literarischen Texten bearbeiten

Frau Kühnlein blickt strahlend in die Runde. „Na, wer möchte anfangen?" Maja starrt
20 angestrengt zu Boden und wartet. Wenn Jette und ich jetzt nicht gleich den Anfang machen, wird Maja uns beiden die Freundschaft kündigen. Und zwar mit sofortiger Wirkung! Tatsächlich meldet sich
25 Jette zu Wort. „Maja, ich mag an dir, dass du uns immer … äh … von deinen Schoko- riegeln abbeißen lässt!" Frau Kühnlein zieht verwundert die Augenbrauen hoch. Und ich blitze Jette an. Es ist streng verboten,

30 Süßigkeiten zur Schule zu nehmen! Und überhaupt: Ist Jette nichts Besseres eingefallen? Ich muss die Situation retten, und zwar schnell. Schon schießt mein Finger in die Höhe.

Aber bevor Frau Kühnlein mich drannehmen kann, brüllt Niklas in die Runde:
35 „Also, ich finde es echt toll, dass Maja so viele Sommersprossen hat!" Frau Kühnlein lächelt gerührt. „Ja, das sieht hübsch aus, nicht wahr?" „Nee!", ruft Niklas. „Aber Maja ist noch gesprenkelter als ich. Und so sehe ich nicht alleine aus wie ein Streuselkuchen!" „Aha!", macht Frau Kühnlein und wirkt jetzt etwas ratlos. „Ich mag Majas Lachen", piepst Ayla los, „das klingt immer so schön
40 meckrig wie die Ziege von meinem Onkel Silas!" Eine Sekunde ist es ganz still. Dann prusten Jo und Leon los, die anderen lachen ebenfalls. Nur Frau Kühnlein scheint nicht fassen zu können, dass ihre **Warme Dusche** gerade gründlich aus dem Ruder läuft.

 4 Denkt zuerst allein über die Fragen nach. Sprecht dann über das, was ihr euch überlegt habt.

Den Aufbau der Gedichte könnt ihr in der Fachwörterliste nachlesen.

a) Was ist eine **Warme Dusche** und warum mag Maja sie nicht?

b) Warum passt Niklas' Aussage über Majas Sommersprossen nicht zu den Regeln der **Warmen Dusche**?

c) Was bedeutet es, dass die **Warme Dusche** aus dem Ruder läuft?

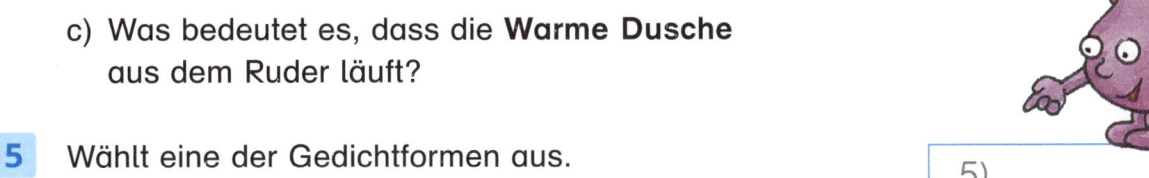 **5** Wählt eine der Gedichtformen aus.

5) …

| Elfchen | Akrostichon | Rondell |

Schreibt ein Gedicht darüber, wie Maja die **Warme Dusche** erlebt, ins Heft.

Eine Geschichte lesen ...

1 Suche dir einen Partner.

2 Lies die Geschichte allein.

Nils Karlsson-Däumling
von Astrid Lindgren

*Bertils Eltern arbeiten den ganzen Tag und Bertil ist viel allein zu Haus.
Eines Tages steht plötzlich ein Junge unter seinem Bett, der nicht größer ist
als ein Daumen. Sein Name ist Nils Karlsson-Däumling, genannt Nisse.
Er wohnt in einem Mauseloch ein Stockwerk tiefer.*

5 „Willst du ein bisschen zu mir runterkommen?",
fragte der Däumling eifrig. Bertil fing an zu lachen.
„Glaubst du denn wirklich, dass ich durch das Loch
da hindurchkomme?" „Das ist die einfachste Sache
von der Welt", sagte der Däumling. „Du drückst nur

10 den Nagel, den du dort neben dem Loch siehst,
und dann sagst du: ‚Killevipps'. Dann bist du
genauso klein wie ich." „Ist das sicher?", fragte
Bertil. „Aber werde ich auch wieder groß, bevor
Papa und Mama nach Hause kommen?" „Aber ja",

15 sagte der Däumling. „Dann drückst du nur wieder
auf den Nagel und sagst noch einmal ‚Killevipps'."
„Lustig", sagte Bertil. „Kannst du auch so groß werden wie ich?" „Nein,
das kann ich nicht", sagte der Däumling. „Leider. Aber es wäre schön,
wenn du ein bisschen zu mir runterkämst." „Also los", sagte Bertil.

20 Er kroch unter das Bett, drückte den Zeigefinger auf den Nagel und sagte:
„Killevipps." Und tatsächlich! Da stand er vor dem Mauseloch, genauso klein
wie der Däumling. „Übrigens, ich heiße Nisse", sagte der Däumling und streckte
Bertil die Hand entgegen. „Komm, wir gehen zu mir runter!" Bertil fühlte, es war
etwas unglaublich Spannendes und Merkwürdiges, was hier passierte. Er brannte

25 richtig vor Neugierde, in das Loch zu gehen. „Vorsichtig auf der Treppe", sagte
Nisse. „Das Geländer ist an einer Stelle kaputt." Bertil stieg mit behutsamen
Schritten eine kleine Steintreppe hinab. Kaum zu glauben, er hatte nicht gewusst,
dass hier eine Treppe war! Sie endete vor einer geschlossenen Tür. „Warte, ich
mache Licht an", sagte Nisse und knipste an einem Schalter. An der Tür hing

30 ein kleines Schild. „Nils Karlsson-Däumling" stand sehr ordentlich darauf. Dann
öffnete er die Tür und knipste an einem anderen Schalter. Bertil ging hinein.

... und weitererzählen

„Hier sieht es nicht sehr einladend aus", entschuldigte sich Nisse. Bertil guckte sich um. Es war ein kleines kahles Zimmer mit einem Fenster und einem blau angemalten Kachelofen in der einen Ecke. „Ja, es könnte freundlicher sein",

35 gab er zu. „Wo schläfst du denn nachts?" „Auf dem Fußboden", sagte Nisse. „Oh, ist das nicht kalt?", sagte Bertil. „Und ob! Darauf kannst du dich verlassen. Es ist so kalt, dass ich jede Stunde aufstehen und herumrennen muss, damit ich nicht erfriere." Nisse tat Bertil wirklich leid. Er brauchte nachts wenigstens nicht zu frieren.

40 Plötzlich hatte er einen Einfall. „Bin ich dumm!", sagte er. „Holz kann ich doch besorgen!" Nisse packte ihn heftig am Arm. „Glaubst du, dass du das kannst?", fragte er eifrig. „Natürlich", sagte Bertil. Dann sah er ein wenig bekümmert aus. „Das Schlimme ist nur, ich darf keine Streichhölzer anstecken", sagte er. „Das macht nichts", versicherte Nisse ihm. „Wenn du Holz besorgst — anzünden werde

45 ich es schon." Bertil rannte die Treppe hinauf, drückte auf den Nagel und — hatte vergessen, was er sagen sollte. „Wie hieß das, was ich sagen sollte?", schrie er zu Nisse hinunter. „Killevipps natürlich", rief Nisse. So schnell er konnte, kroch er unter dem Bett hervor und lief zum Küchenherd. Da lagen eine Menge abgebrannte Streichhölzer. Er zerbrach sie in lauter kleine Stücke und

50 stapelte sie neben dem Mauseloch auf. Dann machte er sich wieder klein und rief Nisse zu: „Komm und hilf mir mit all dem Holz!" Denn jetzt, wo er wieder klein war, konnte er nicht mehr alles allein hinuntertragen. Nisse kam angerannt und sie schleppten gemeinsam das Holz die Treppe hinunter und ins Zimmer hinein bis zum Kachelofen. Nisse hüpfte vor Freude.

3 Stellt euch gegenseitig Fragen zum Inhalt der Geschichte.
Wer ist Bertil? Wer ist Nisse? ...

Den Schluss der Geschichte kannst du im Kinderbuch nachlesen.

4 Sprecht über diese Fragen:

a) Was kann Bertil als Däumling alles tun oder erleben?

b) Welche Schwierigkeiten könnte Bertil als Däumling bekommen?

5 Was könnten Bertil und Nisse noch zusammen erleben?
Sammelt Ideen und schreibt Stichworte ins Heft.

5) ...

6 Entscheide dich für eine Idee von Aufgabe 5.
Mache dir Notizen im Heft dazu,
was Bertil und Nisse zusammen erleben.

7 Erzählt euch gegenseitig eure Geschichten.

Eine Geschichte lesen und sich handelnd ...

1 Suche dir fünf Kinder für eine Gruppe.

2 Lies die Geschichte allein.

Rosannas großer Bruder
von Cornelia Funke

Rosanna hatte einen
Verehrer, der war
der stärkste Junge in
ihrer Klasse. Jeden
5 Tag nach der Schule
wartete er genau
dort, wo Rosanna
die Abkürzung durch
die Wiesen nahm,
10 und drohte, sie zu
verhauen, wenn sie ihm nicht sofort und auf der Stelle einen Kuss gäbe –
auf den Mund natürlich. Rosanna hatte weder Lust, diesen Flegel zu küssen,
noch wollte sie auf ihre wunderbare Abkürzung verzichten.
Also sagte sie: „Verschwinde, du Klops, sonst hol ich meinen großen Bruder,
15 der ist viel stärker als du und wirft dich mit einer Hand in die Brennnesseln."
Doch diese dickste aller Lügen erschreckte den Muskelprotz überhaupt nicht.
„Ach was, Zuckergesicht", sagte er mit frechem Grinsen.
„Du hast doch überhaupt keinen großen Bruder."
Und Rosanna konnte nichts tun, als mit krebsrotem Kopf umzukehren und doch
20 wieder den langen, entsetzlich langweiligen Weg nach Hause zu gehen.

Denn sie hatte zwar sehr wohl einen älteren Bruder, aber der taugte rein gar
nicht zum Beschützer. Er hieß Boris, war genau zwei Zentimeter kleiner als
Rosanna, dünn wie ein Strohhalm und ängstlicher als ein Kaninchen. Es war
zum Auswachsen. Sie konnte nichts tun. Überhaupt nichts.

25 Bis sie eines Morgens auf der Rückseite der Zeitung, die ihr Vater sich beim
Frühstück vor die Nase hielt, eine Anzeige entdeckte: „Professor Doktor
Salomon Schwindelfrei macht aus ihren Lügen die Wahrheit", stand da dick
und deutlich zu lesen und darunter, etwas kleiner, die Adresse. Also stopfte
sich Rosanna all ihr Erspartes in die Hosentasche und machte sich nach der
30 Schule auf den Weg.

... und produktiv damit auseinandersetzen

Professor Schwindelfrei lebte in einem Haus gleich hinter dem Stadtpark, im allerobersten Stock. Rosanna zählte 123 Stufen, bis sie endlich oben vor seiner Wohnungstür stand. Einen Klingelknopf gab es nicht, nur einen Eisenring, an den Rosanna gerade mal auf den Zehenspitzen heranreichte. „Dong, dong",

35 hallte es durch das Treppenhaus, als sie damit gegen die Tür klopfte. Die Tür öffnete sich und ein langer, dünner Mann blickte freundlich auf Rosanna herab. „Ich komme wegen der Anzeige", sagte sie. „Ah ja?", sagte der Professor. „Um welche Lüge handelt es sich? Notlüge, Angeberlüge, Zeugnis- oder Trostlüge, ..." „Schutzlüge, würd ich sagen", antwortete Rosanna.

40 „Aha", sagte der Professor. „Das ist eine interessante Sorte. Bitte tritt ein.“

3 Arbeitet immer zu zweit. Verteilt die Aufgaben in der Gruppe und bearbeitet sie.

Spielt Zeile 1 bis 20 der Geschichte nach. Ihr könnt euch weitere Dialoge ausdenken.	Gestaltet ein Werbeplakat für Professor Doktor Salomon Schwindelfreis Praxis.	Denkt euch Erklärungen und Beispiele aus für Notlügen, Angeberlügen, ... Erstellt ein Lexikon der Lügen.

4 Stellt eure Arbeitsergebnisse in eurer Gruppe vor.

5 Sprecht über diese Fragen:

a) Warum denkt sich Rosanna einen großen, starken Bruder als Beschützer aus?

b) Was erhofft Rosanna sich von dem Besuch bei dem Professor?

c) Wie könnte eine Schutzlüge Rosanna helfen?

6 Wie hätte Rosanna anders handeln können? Denke dir ab Zeile 25 einen anderen Fortgang der Geschichte aus. Schreibe deine Ideen in Stichworten ins Heft.

6) ...

7 Wähle eine Idee von Aufgabe 6 aus. Schreibe deinen Fortgang der Geschichte ins Heft oder zeichne ihn als Comic auf ein Blatt.

7) ...

8 Stelle deine Arbeitsergebnisse von Aufgabe 7 in deiner Gruppe vor.

9 Am Abend schreibt Rosannas Verehrer in sein Tagebuch. Wie könnte sein Eintrag lauten? Schreibe ins Heft.

Durch textproduktive, visuelle oder szenische Verfahren zu einem tieferen Textverständnis gelangen
Einen alternativen Handlungsstrang entwickeln und präsentieren

77
78

29

1 Suche dir einen Partner.

2 Sucht das Symbol für die Schließfächer in der Legende und auf dem Plan.

3 Findet heraus, wie ein Imbiss in dem Plan gekennzeichnet ist.

> weiße Schrift auf grünem Hintergrund
> schwarze Schrift auf grünem Hintergrund
> schwarze Schrift auf rotem Hintergrund

4 Überlegt, was der **Wirbelwind** ist.

> eine Übernachtungsmöglichkeit   eine Attraktion   ein Imbiss

5 Ihr möchtet euch am Spielplatz bei der **Ersten Hilfe** ein Pflaster abholen.
Ihr steht vor der Brücke, hinter euch ist der Ausgang. Ihr geht über die Brücke.
An welcher Attraktion kommt ihr zuerst vorbei?

6 Wählt fünf Attraktionen aus, die ihr im Park besuchen wollt. Legt eine Reihenfolge fest,
in der ihr die Attraktionen besuchen möchtet. Findet den kürzesten Weg.

Die Legende für das Verständnis einer Grafik nutzen
Informationen aus einer Grafik entnehmen
Eine Grafik als Planungshilfe nutzen

Aussagen ordnen, kombinieren und nutzen

1 Lies den Einleitungstext und die Aussagen der Kinder.

Niko, Maria und Alend wollen sich in der ersten Ferienwoche unbedingt alle zusammen verabreden. Alle drei haben schon Pläne und erzählen sich davon.

Niko

> Montag und Freitag habe ich nachmittags Fußballtraining.
> Das fällt zum Glück nicht aus. Dienstag gehe ich um 15 Uhr
> zu Oma und übernachte da. Nach dem Mittagessen bin ich
> am Mittwoch aber wieder da. Donnerstag bin ich schon verabredet.

Maria

> Ich gehe in den Ferien zu einem Tenniscamp.
> Das ist Montag, Dienstag, Donnerstag und Freitag immer von 9 bis
> 12.30 Uhr. Am Donnerstag hat meine Mutter Geburtstag. Da feiern
> wir nachmittags ein Fest und ich darf mich sicher nicht verabreden.

Alend

> Also, ich habe in den Ferien noch keine großen Pläne.
> Von Montag bis Mittwoch bin ich bei meinem Vater und von
> Donnerstag bis zum Ende der Ferien bei meiner Mutter.
> Ich kann mich an jedem Tag mit euch treffen.

2 a) Übertrage die Aussagen der Kinder
von Aufgabe 1 in eine Tabelle ins Heft.
Streiche den Namen des Kindes
an der passenden Stelle durch,
wenn es keine Zeit hat.

b) Kreise in deiner Tabelle ein,
wann sich die Kinder treffen können.

2a)		Montag	Dienstag	Mi…	Do…	Fr…
vormittags		Niko	Niko	Ni…	Ni…	Ni…
		Maria	Maria	M…	M…	M…
		Alend	Alend	Al…	Al…	Al…
nachmittags		~~Niko~~	Niko	Ni…	Ni…	Ni…
		Maria	Maria	M…	M…	M…
		Alend	Alend	Al…	Al…	Al…

3 Robin würde gern mit Niko und Alend
sein Baumhaus fertig bauen.
Auch er hat schon Pläne in den Ferien.

Robin

> Meine Tante lädt mich am Mittwochnachmittag ins Kino ein.
> Dienstag bin ich den ganzen Tag mit meinen Eltern im Tierpark.
> Am tollsten ist, dass meine Cousine am Freitag zum Frühstück kommt
> und bis Samstag bleibt.

Wann können sich die Jungen treffen?
Mache in deiner Tabelle von Aufgabe 2 ein Kreuz.

Aussagen von Kindern lesen
Informationen in eine Tabelle übertragen
Eine Tabelle zur Terminfindung nutzen

Informationen in eine Tabelle übertragen

1 Lies, was der Radiomoderator berichtet.

Liebe Fußballfans!
Was für ein toller 15. Spieltag hier bei uns im Radio!
Ein weiteres Mal erlebten wir Spannung pur in
fünf Stadien. Wie immer gab es Sieger und Besiegte,
5 Tore und vergebene Möglichkeiten, Jubel und Pfiffe.
Großartig heute die Leistung des 1. FC Köln, der im Bundesligaklassiker
gegen den Hamburger SV zu Hause mit 3 zu 1 gewann. Der Hamburger SV
geht nach der Niederlage schwierigen Zeiten entgegen. Auch schlecht lief es
für Borussia Mönchengladbach. Ihr Angstgegner Stuttgart gewann zu Hause
10 mit 2 zu 0. Ein weiteres Mal konnte uns Schalke 04 in dieser Saison überzeugen.
Schalke spielte auswärts gegen den SC Freiburg. Am Ende hat Schalke 3 Tore
geschossen und Freiburg kein einziges. Ähnliches Spiel in Hannover:
Hannover 96 ist zu Hause eine Macht. Das wurde beim 3-zu-1-Sieg gegen
den 1. FC Nürnberg deutlich. Nur bei einem einzigen Spiel fielen an diesem
15 Samstag keine Tore: Gähnende Langeweile in Mainz bei der Begegnung
des 1. FSV Mainz 05 und Werder Bremen. Wir hoffen auf Besserung
im Topspiel heute Abend, wenn Bayern München gegen Borussia Dortmund
in der Münchener Arena spielt.

> Die Heimmannschaft
> ist die, die *zu Hause* spielt.
> Sie steht an 1. Stelle.

2 a) Finde die Mannschaften
   und die Ergebnisse
   oben im Text.

   b) Schreibe die fehlenden
   Informationen in eine Tabelle
   ins Heft.

2b) Ergebnistabelle der Spiele am … Spieltag:		
Heimmannschaft	Auswärtsmannschaft	Ergebnis
1. FC Köln		:
		:
		:
		:
		:

3 Was erfährst du in dem Radiobeitrag, aber nicht in der Tabelle?
Sprich mit einem Partner darüber.

Eine Radiomoderation lesen
Aussagen einer Moderation in eine Tabelle übertragen
Den Informationsgehalt einer Moderation und einer Tabelle vergleichen

Einer Grafik Informationen entnehmen

1 Lies die Grafik und die Legende.

Deutschlandkarte: Namen für den Haltepunkt beim Fangenspielen

In der Legende steht, was die Symbole auf der Karte bedeuten.

Norden

Westen

Osten

Süden

AUS

Oh nein, da kann ich dich nicht fangen!

Namen für den Haltepunkt beim Fangenspielen

- ● Aus
- ● Haus
- ● Klippo
- ○ Klipp
- ● Freio
- ○ Frei
- ● Boot/Botte/Bodde
- ◉ Bütt/Butte
- ● Zick
- ● Insel
- ● Wupp
- ● Pulle
- ● Pott
- ● Hola

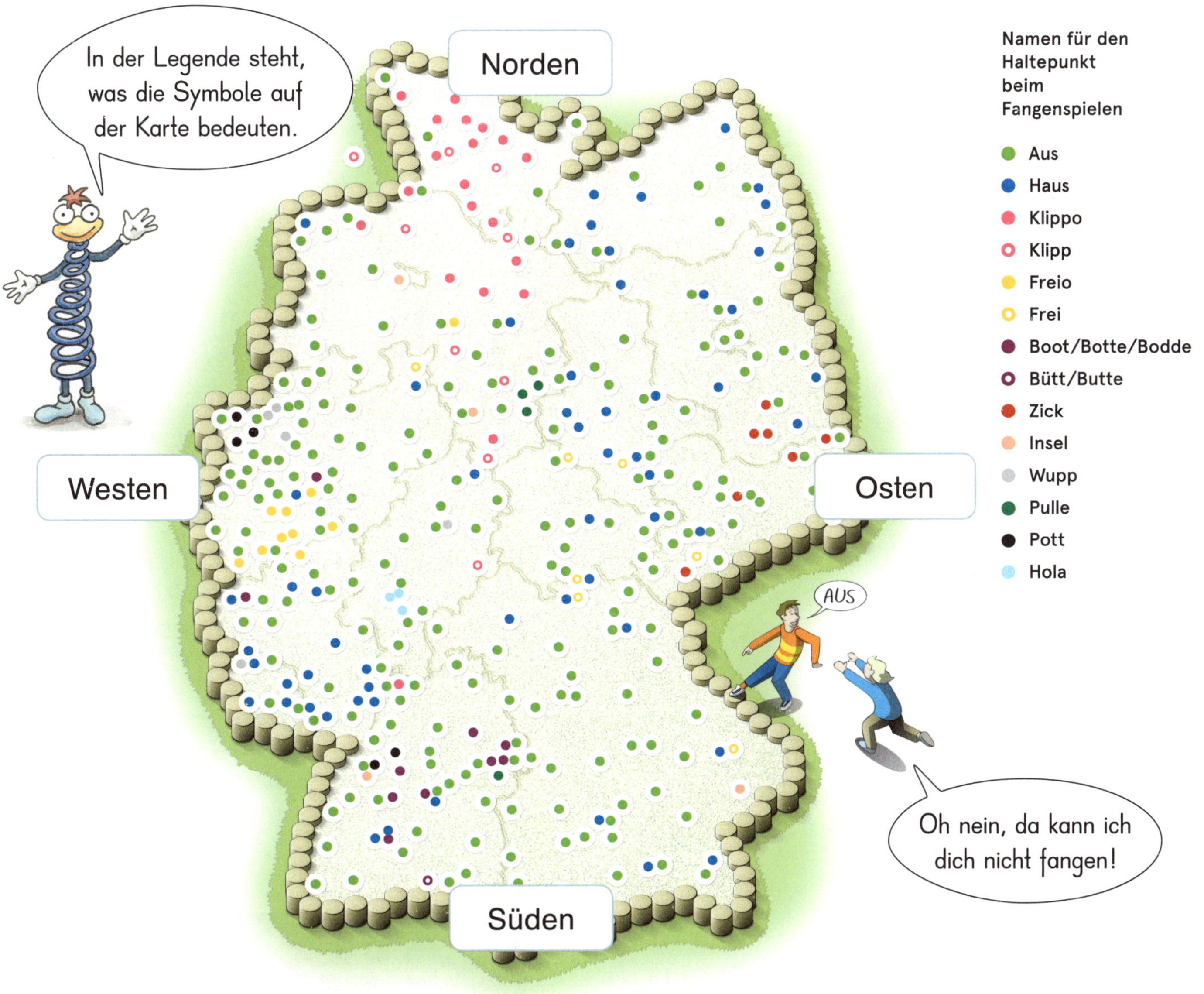

2 Schreibe ins Heft:

a) Wie nennst du den Haltepunkt beim Fangenspielen?

b) Finde das Bundesland, in dem du lebst. Welche Namen werden hier verwendet?

c) Welche Namen für Haltepunkte hast du noch nie gehört?

2a) ...
  b)

3 Welcher Name wird **nicht** im Westen von Deutschland verwendet? Schreibe ins Heft.

3) ...

| Wupp | Frei | Insel | Zick |

Regionalsprache kennenlernen
Eine Grafik und eine Legende verstehend lesen
Einer Grafik und einer Legende Informationen entnehmen

79
80

L4

33

Textsorten vergleichen

1 Sage einem Partner, was für ein Buch Flex oben im Bild liest.
Sage deinem Partner dann, was für ein Buch Flora liest.

Sachbuch   Gedichtband   Kinderbuch   Kochbuch

2 Lies die beiden Texte oben im Bild noch einmal.
Was ist gleich? Was ist unterschiedlich?
Sprich mit einem Partner darüber.

3 Lies den Lexikonartikel.

die **Schnecke**

Schnecken gehören zu den Weichtieren, denn sie haben keine Knochen in ihrem Körper. Die meisten Schnecken leben im Wasser und atmen mit Kiemen. Schnecken ohne ein Gehäuse nennt man Nacktschnecken. Haben Schnecken ein Gehäuse, werden sie Gehäuseschnecken genannt. In dem Gehäuse aus Kalk liegen die meisten Organe dieser Tiere. Gehäuseschnecken können ihr Haus nicht verlassen. Droht Gefahr oder ist es sehr trocken oder kalt, können diese Schnecken sich in ihr festes Gehäuse zurückziehen. Von Herbst bis Frühjahr verkriechen sie sich im Wald oder im

mit einem Deckel aus Kalk verschlossenes Gehäuse

Garten unter Moos oder im Gebüsch. Mit einem Deckel aus Kalk können Gehäuseschnecken ihr Haus dicht verschließen und so sicher überwintern.

Textauszüge lesen und Textsorten zuordnen
Über den Inhalt und die Wirkungsweise von Textsorten sprechen
Einen Lexikonartikel lesen

4 Vergleiche den Inhalt des Lexikontextes
von Aufgabe 3 mit dem Text, den Flex liest.
Was kann in einer Geschichte passieren,
ist aber in Wirklichkeit unmöglich?
Schreibe ins Heft.

4) ...

5 Vergleiche den Lexikonartikel von Aufgabe 3
mit dem Gedicht, das Flora liest.

a) Finde die beiden Sätze im Lexikontext,
die zu den beiden ersten Versen
im Gedicht passen.

b) Was ist damit gemeint, wenn im Gedicht steht,
dass das Tier doch immer **halb zu Haus** bleibt?
Schreibe ins Heft.

5b) ...

6 Schau dir das Filmplakat an und lies die Filmbeschreibung.

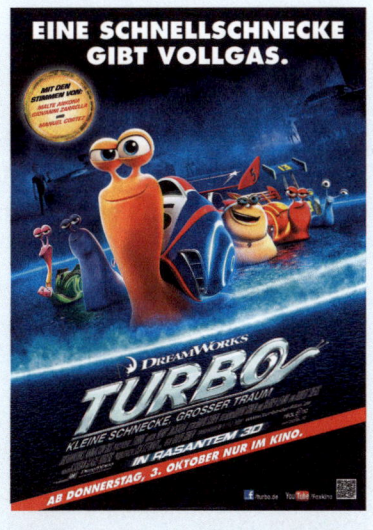

Die Außenseiter-Schnecke Turbo (Stimme Ryan Reynolds) fühlt sich ausgegrenzt und möchte unbedingt schneller sein als die anderen. Erst als der junge Kriecher Freundschaft mit einer Gang von rennerfahrenen Artgenossen schließt, erkennt er, dass man nur gemeinsam stark ist. Er nimmt seinen ganzen Mut zusammen und traut sich aus seinem Schneckenhaus heraus, um seinen trickreichen und straßenerprobten neuen Freunden zu helfen – und dabei träumt er von der Erfüllung seines größten Wunsches: Turbo will das berühmteste Rennen der Welt, die legendären „Indy 500", gewinnen. Die Höchstgeschwindigkeit der kleinen Schnecke liegt allerdings ungefähr bei einem Meter pro Stunde – damit ist Turbo natürlich chancenlos. Doch dann entwickelt der Schleimschleicher nach einem Unfall geradezu überirdische Kräfte und erreicht ein rekordverdächtiges Tempo.
Länge: 96 Minuten, FSK: 0, Genre: Animation, Komödie, Familie

7 Sprich mit einem Partner über diese Fragen:

a) Wie unterscheiden sich Sachtexte, Geschichten,
Gedichte und Filmgeschichten?

b) Was davon gefällt dir am besten? Begründe.

c) Überlegt gemeinsam, wann welche Textsorte sinnvoll
oder hilfreich sein kann.

Auf Textbasis Fiktion und Wirklichkeit unterscheiden
Gemeinsamkeiten unterschiedlicher Textsorten finden
Eine Filmbeschreibung zu anderen Textsorten abgrenzen

35

Einen Sachtext, eine Sage ...

1 Lies den Sachtext.

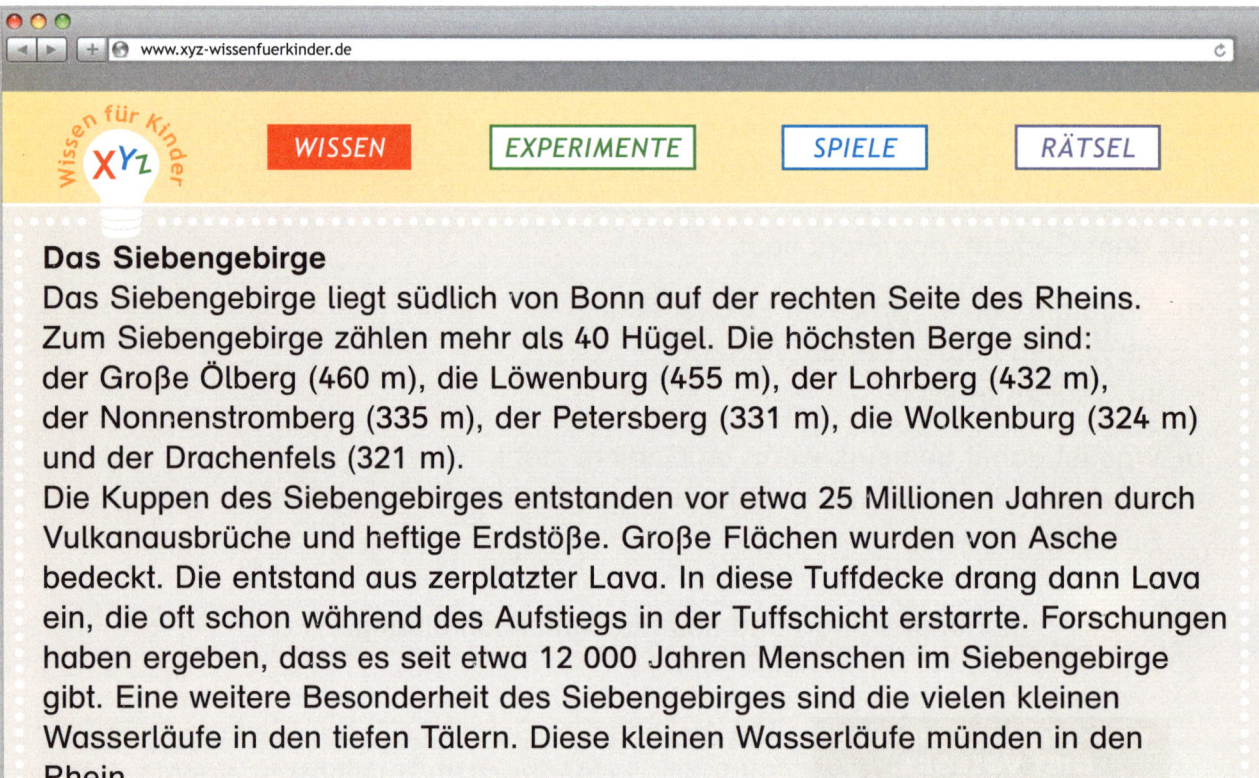

www.xyz-wissenfuerkinder.de

Wissen für Kinder XYZ

WISSEN | EXPERIMENTE | SPIELE | RÄTSEL

Das Siebengebirge

Das Siebengebirge liegt südlich von Bonn auf der rechten Seite des Rheins. Zum Siebengebirge zählen mehr als 40 Hügel. Die höchsten Berge sind: der Große Ölberg (460 m), die Löwenburg (455 m), der Lohrberg (432 m), der Nonnenstromberg (335 m), der Petersberg (331 m), die Wolkenburg (324 m) und der Drachenfels (321 m).

Die Kuppen des Siebengebirges entstanden vor etwa 25 Millionen Jahren durch Vulkanausbrüche und heftige Erdstöße. Große Flächen wurden von Asche bedeckt. Die entstand aus zerplatzter Lava. In diese Tuffdecke drang dann Lava ein, die oft schon während des Aufstiegs in der Tuffschicht erstarrte. Forschungen haben ergeben, dass es seit etwa 12 000 Jahren Menschen im Siebengebirge gibt. Eine weitere Besonderheit des Siebengebirges sind die vielen kleinen Wasserläufe in den tiefen Tälern. Diese kleinen Wasserläufe münden in den Rhein.

2 Lies das, was Flora sagt. Lies dann die Sage.

> Sagen erzählen Geschichten, die früher einmal passiert sein sollen. In Sagen kommen häufig Dinge, Figuren oder Ereignisse vor, die es in Wirklichkeit eigentlich nicht gegeben haben kann.

Das Siebengebirge
von Edmund Mudrak

Wo nun die Berge Drachenfels und Rolandseck
aufragen, war einst das Rheintal abgeschlossen;
oberhalb von Königswinter breitete sich ein großer See aus.
Die Bewohner der Eifel und des Westerwalds beschlossen nun,
5 den See abzuleiten; dazu musste das Gebirge durchstochen werden,
und da sie das selbst nicht konnten, wandten sie sich an die Riesen
und verhießen ihnen großen Lohn.

Wirklich machten sich sieben Riesen auf, um diesen Lohn zu verdienen.
Jeder nahm einen gewaltigen Spaten auf die Schulter, und bald waren sie
10 emsig bei der Arbeit. In wenigen Tagen hatten sie denn auch eine tiefe Scharte
ins Gebirge gegraben. Das Wasser drang ein und arbeitete mit, bis die Lücke
so groß war, dass der See abfloss. Die Leute freuten sich über die dadurch
erreichten Vorteile, dankten den Riesen und schleppten den versprochenen
Lohn herbei.

15 Die Riesen teilten den Schatz redlich, jeder schob seinen Anteil in einen
Reisesack, und dann brachen sie auf. Vorher klopften sie noch die Erde und
die Felsbrocken ab, die an ihren Spaten klebten, und davon entstanden
die sieben Berge, die noch bis auf den heutigen Tag am Rhein zu sehen sind.

3 Lies einem Partner die Textstellen der Sage von Aufgabe 2 vor,
in denen etwas steht, was tatsächlich so gewesen sein könnte.

4 Vergleiche den Sachtext von Aufgabe 1 mit der Sage
von Aufgabe 2. Welche Informationen stimmen?
Schreibe ins Heft.

> 4a) stimmt ...
> b)

a) Das Siebengebirge besteht nur aus sieben Bergen.

b) Im Siebengebirge finden sich sieben besonders große Berge.

c) Durch das Siebengebirge fließen viele kleine Wasserläufe.

d) Die Spaten der Riesen ragen noch heute aus den Bergspitzen hervor.

e) Das Siebengebirge entstand durch Vulkanausbrüche und Erdstöße.

5 Suche in der Sage von Aufgabe 2 folgende Namen:
Drachenfels, **Rolandseck**, **Königswinter**, **Eifel** und **Westerwald**.
Suche diese Wörter unten in der Karte.

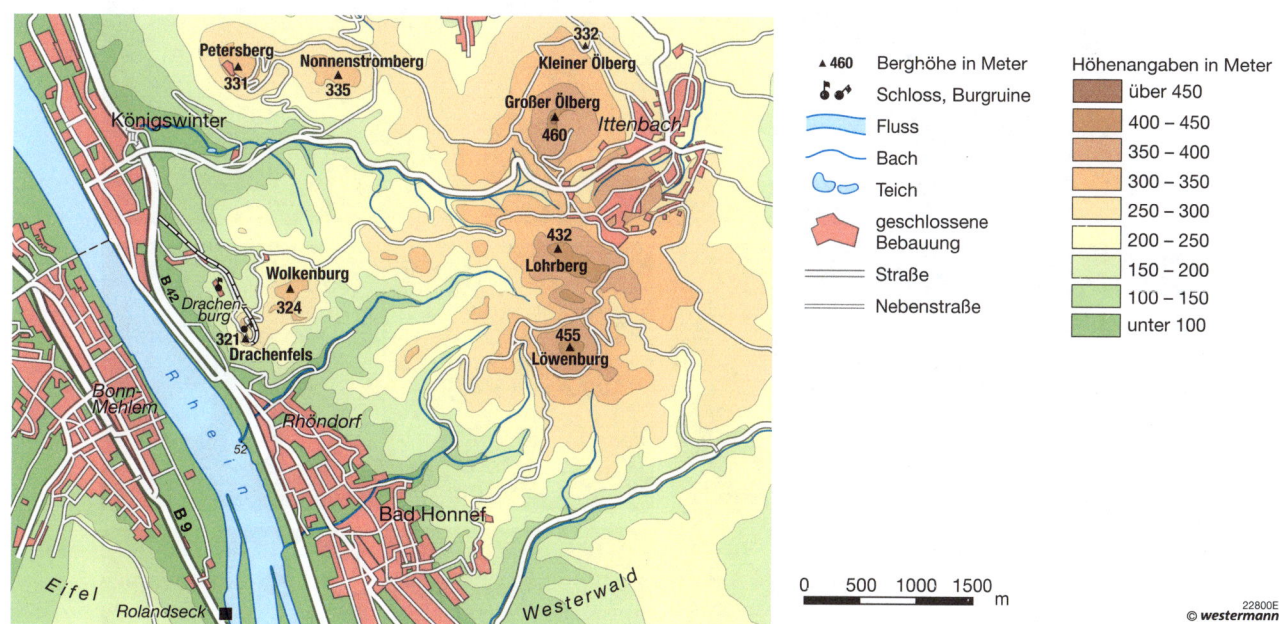

6 Vergleiche den Sachtext von Aufgabe 1 mit der Karte von Aufgabe 5.
Zeige einem Partner, welche Informationen aus dem Sachtext
du in der Karte wiederfindest.

7 Suche eine Sage aus deiner Region oder aus der Vergangenheit und erzähle einem
Partner, was von der Sage tatsächlich stimmt und was vermutlich erfunden wurde.

Informationen aus einem Sachtext mit einer Sage vergleichen
Geografische Namen in einer Karte finden
Informationen aus einem Sachtext mit einer geografischen Karte vergleichen

37

Ein Märchen ohne Worte ...

 **1** Suche dir einen Partner.

2 Schaut euch die Bilder zum Anfang des Märchens ohne Worte an.
Erzählt euch nacheinander das Märchen passend zu den Bildern.

Der Wolf und die sieben Geißlein
von Frank Flöthmann

> Achtet auf die Pfeile!

3 Was von diesem Märchen kommt euch bekannt vor? Was ist euch fremd?
Sprecht darüber.

Einen Comic lesen und in Sprache fassen
Vorerfahrungen zu dem Märchen mit dem Comic vergleichen

... mit einem Märchentext vergleichen

4 Lest den Märchenanfang.

Der Wolf und die sieben Geißlein
nach den Brüdern Grimm

Es war einmal eine alte Geiß, die hatte
sieben junge Geißlein und hatte sie lieb,
wie eine Mutter ihre Kinder lieb hat.
Eines Tages wollte sie in den Wald gehen
und Futter holen, da rief sie alle sieben herbei
und sprach: „Liebe Kinder, ich will hinaus
in den Wald, seid auf der Hut vor dem Wolf!
Wenn er hereinkommt, frisst er euch alle
mit Haut und Haar. Der Bösewicht verstellt
sich oft, aber an der rauen Stimme
und an seinen schwarzen Füßen werdet ihr
ihn schon erkennen." Die Geißlein sagten:
„Liebe Mutter, wir wollen uns schon in Acht
nehmen, du kannst ohne Sorge fortgehen."
Da meckerte die Alte und machte sich getrost auf den Weg.
Es dauerte nicht lange, so klopfte jemand an die Haustür.

5 Vergleicht den Märchenanfang
nach den Brüdern Grimm
mit dem Märchen ohne Worte.
Was ist anders? Was ist gleich?
Schreibt ins Heft.

5) Das kommt in beiden Märchen vor:	Das kommt nur im Märchen ohne Worte vor:

6 Welches Märchen gefällt euch besser?
Sprecht darüber und begründet eure Entscheidung.

7 Lies das Märchen
Der Wolf und die sieben Geißlein
in einem Märchenbuch.

8 Zeichne ein Märchen ohne Worte
zu einem anderen Märchen.
Bevor du deine Zeichnung anfertigst,
entscheide, wie viele Felder du benötigst.

Teile ein Blatt
zuerst in Felder und zeichne dann
dein Märchen ohne Worte.

Einen Märchenanfang lesen und mit einem Comic vergleichen
Ein Märchen in einem Märchenbuch lesen
Ein Märchen ohne Worte zeichnen

81
82

L5

Literarische Figuren kennenlernen

1 Suche dir einen Partner.

2 Welche Gespenstergeschichten kennt ihr?
Schreibt einige Gespensternamen,
Buchtitel oder Filmtitel
von Gespenstergeschichten ins Heft.

> 2) Titel: _____
> Autor/Autorin: _____

3 Worin unterscheiden sich die Gespenster, die ihr kennt?
Sprecht darüber.

4 Nun arbeitet jeder allein.
Lies das Interview mit dem kleinen Gespenst.

Wie heißt du?	Ich heiße **Kleines Gespenst**.
Wer hat deine Geschichte wann aufgeschrieben?	Otfried Preußler schrieb sie im Jahr 1966.
Wie alt bist du?	Keine Ahnung!
Wo wohnst du?	Auf Burg Eulenstein nahe der Stadt Eulenberg.
Wie wurdest du zu einem Gespenst?	Ich war schon immer ein Gespenst.
Was machst du so den ganzen Tag?	Ich bin harmlos und schlafe eigentlich in einer den Truhe auf dem Dachboden. Erst um Mitternacht erwache ich. Aber ich werde in meiner Geschichte ja zu einem Taggespenst. Dann erwache ich um 12 Uhr mittags und spuke in Eulenberg herum.

Vorwissen zu Gespenstergeschichten verbalisieren
Unterschiede von literarischen Gespensterfiguren feststellen
Ein fiktives Interview mit einer literarischen Figur lesen

Was machst du in der Nacht?	Als Nachtgespenst spiele ich in den Räumen des Burgmuseums. Früher habe ich Leute erschreckt. Regnet es nicht, bin ich draußen im Mondschein und tanze auf den Mauern von Burg Eulenstein. Als Taggespenst schlafe ich in der Nacht.
Was ist das Besondere an dir?	Ich habe immer einen Schlüsselbund mit 13 Schlüsseln bei mir und ich bin unverwundbar. Ich habe kein Gewicht. Nur das Gewicht meiner Schlüssel hindert den Wind daran, mich wegzuwehen. Im Dunkeln kann ich sehen. Lesen oder schreiben habe ich nie gelernt, aber ich kann malen.
Kannst du zaubern?	Wenn ich meinen Schlüsselbund durch die Luft schwenke, öffnen sich auch verschlossene Türen, Tore, Schränke, Koffer. Und sie schließen sich auch wieder, wenn ich die Schlüssel noch einmal schwenke.
Hast du vor etwas Angst?	Ja! Als Nachtgespenst habe ich vor dem vollen Sonnenlicht Angst. Das Sonnenlicht macht mich nämlich schwarz und leider passiert mir genau das!
Hast du Freunde?	Der alte und weise Uhu Schuhu und drei Kinder sind meine Freunde.
Erlebst du Abenteuer?	Jede Menge! Ich verunstalte Plakate, spuke auf der 325-Jahr-Feier der Stadt herum und erschrecke Leute. Ich finde aber auch einen alten Geheimgang.

5 Was gefällt dir an dem kleinen Gespenst? Was gefällt dir nicht? Schreibe Stichworte ins Heft.

5) gefällt mir	gefällt mir nicht

6 Vergleicht das, was ihr aufgeschrieben habt, und begründet eure Auswahl.

7 Würdest du das Buch **Das kleine Gespenst** von Otfried Preußler lesen? Begründe im Heft.

7) ...

8 Schreibt ein Interview zu einem weiteren Gespenst von Aufgabe 2 ins Heft. Stellt es der Klasse vor.

Ein fiktives Interview mit einer literarischen Figur lesen
Eine literarische Figur bewerten
Durch das Interview Leseinteresse entwickeln

83
84

41

Hexenfiguren kennenlernen ...

1 Suche dir einen Partner.

2 Welche Geschichten kennt ihr,
in denen eine Hexe vorkommt?
Schreibt den oder die Titel einiger Bücher,
Filme oder Hörspiele ins Heft.
Wenn es ein Buch ist, schreibt auch dazu,
wer es geschrieben hat.

> 2) Titel: _____
> Autor/Autorin: _____

3 Nun arbeitet jeder allein.
Schau dir das Buchcover an
und lies den Steckbrief der **Kleinen Hexe**.

> Otfried Preußler hat
> das Buch **Die kleine Hexe**
> 1957 geschrieben.

Name:	Kleine Hexe
Alter:	127 Jahre
Wohnort:	einsames, kleines Hexenhaus mit Backofen tief im Wald
Familie:	keine
Freunde:	sprechender Rabe Abraxas
Hobbys:	sechs Stunden am Tag hexen üben
Besonderheit:	• ist zerstreut und verhext sich deshalb
	• kann wütend nicht zaubern
	• kann auf einem Besen fliegen
Probleme:	• darf in der Walpurgisnacht nicht mit zum Blocksberg und den Hexentanz nicht mittanzen, weil sie zu jung ist
	• Hexen nehmen ihr den Besen weg, weil sie sich auf den Blocksberg geschlichen hat und erwischt wurde
	• für die Oberhexe ist eine gute Hexe die, die Schlechtes tut
Aufgabe:	• eine gute Hexe werden, um dann in der Walpurgisnacht auf dem Blocksberg mittanzen zu dürfen
Zauberei:	• verhext den Förster so, dass er nur noch Gutes sagen kann
	• verzaubert die Papierblumen eines Mädchens so, dass sie duften und das Mädchen sie schnell verkaufen kann
	• Peitsche eines Pferdekutschers schlägt nun den Kutscher und nicht die Pferde
	• zaubert einem Mann warme Füße und hext den Waldtieren Futter

Vorwissen zu Hexengeschichten verbalisieren
Einen Streckbrief zu einer literarischen Figur lesen

... und vergleichen

4 Schau dir das Buchcover an
und lies die Mindmap zu **Die kleine Hexe Ida**.

Wohnwagen
in einer Halle
in einer Stadt

geheimes Hexendorf
in einem verborgenen
Tal im Wald

Eltern dürfen Hexen in
Idas Alter nichts mehr
verbieten

55 Jahre, was jung
ist für eine Hexe

ältere Schwester
Murmeltraud

Wohnort

ist man zornig,
darf man
nicht zaubern

Alter

Familie

Vater
und Mutter

**Regeln in der
Hexenwelt**

Großtante
Unke

entdeckt die Welt
der Menschen

**Die kleine Hexe Ida
von Susanne Obrecht
geschrieben 2011**

besucht
einen Hexenzirkel

**einige
Abenteuer
und Aufgaben**

Freunde

Niklas

Thomas

bringt Tiere
zum Sprechen und
weiß nicht wie

Probleme

Dr. Beate
von Fackel

Zauberei

darf nur zu den
Hexen zurückkehren,
wenn sie einen neuen
Zauber mitbringt.

kennt sich
in der Menschenwelt
nicht aus

kann mit einem
Besen fliegen

Menschen kann man
nicht an einen anderen
Ort zaubern

fürchtet sich vor
Hexenverfolger Gildo
von Fackel

spricht
Zauberformeln
in ihrem Kopf

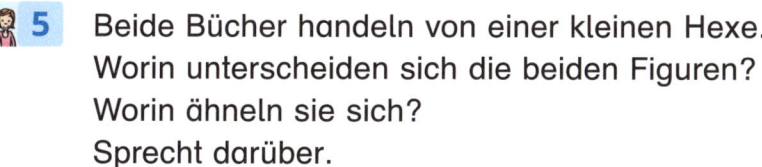

5 Beide Bücher handeln von einer kleinen Hexe.
Worin unterscheiden sich die beiden Figuren?
Worin ähneln sie sich?
Sprecht darüber.

6 Vergleicht diese beiden Hexen
mit anderen Geschichten von Hexen, die ihr kennt.
Was ist **typisch** für eine Hexe?
Schreibt einige Stichworte ins Heft.

6) ...

7 Erkundige dich in einer Bücherei oder im Internet
nach einem weiteren Kinderbuch über Hexen.

Eine Mindmap zu einer literarischen Figur lesen
Gemeinsamkeiten und Unterschiede von literarischen Figuren feststellen
Die literarische Figur Hexe typisieren

L6

Vorlesen und vortragen

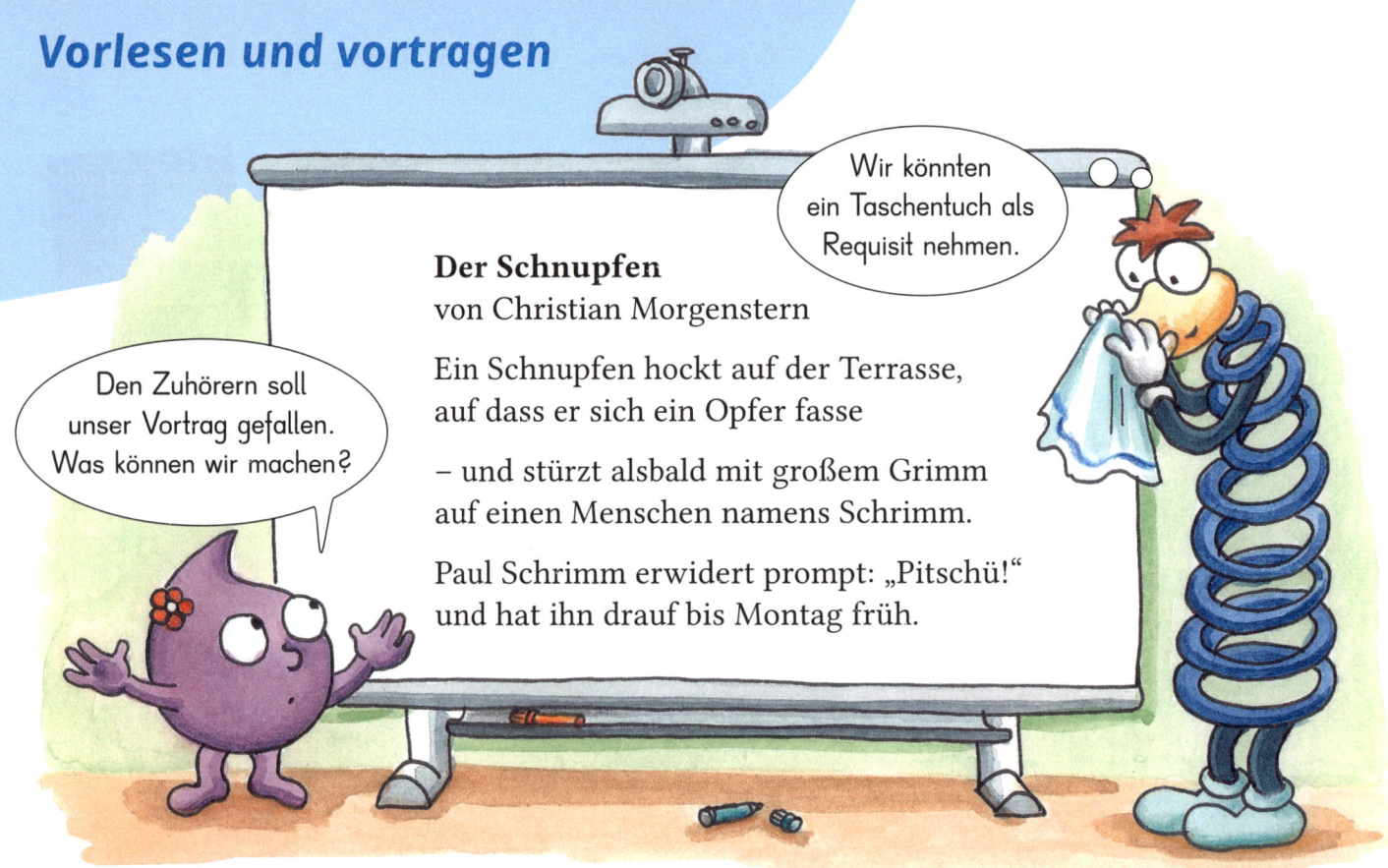

Der Schnupfen
von Christian Morgenstern

Ein Schnupfen hockt auf der Terrasse,
auf dass er sich ein Opfer fasse

– und stürzt alsbald mit großem Grimm
auf einen Menschen namens Schrimm.

Paul Schrimm erwidert prompt: „Pitschü!"
und hat ihn drauf bis Montag früh.

1 Suche dir einen Partner.

2 Was sollte man für einen guten Vortrag beachten?
Überlegt gemeinsam.

Tipps für einen Vortrag

– Markiere die Rollen, wenn es verschiedene Sprecher gibt.

– Passe deine Stimme dem Inhalt des Textes an:
• Sprich jede Rolle mit einer passenden Stimme.
• Welche Gefühle kommen vor und wie kannst du sie ausdrücken?
• Kennzeichne Stellen, die du lauter ⟶ oder leiser ⟶ sprechen kannst.
• Kennzeichne Stellen, wo du Pausen machst: //

– Überlege dir Bewegungen, Geräusche oder Requisiten für deinen Vortrag.

---

3 Nun arbeitet jeder allein. Bereite das Gedicht oben im Bild für einen Vortrag vor.
Beachte dabei die Tipps im Kasten.

4 Erzähle deinem Partner,
welche Tipps du bei deinem Vortrag beachten willst.
Trage deinem Partner das Gedicht vor.

5 Frage deinen Partner, was ihm gut gefallen hat
und was du noch verbessern kannst.

Über die Wirkung eines Vortrages auf den Zuhörer nachdenken
Tipps zur Stimmgestaltung, Intonation und Inszenierung kennenlernen
Ein Gedicht unter Beachtung von Tipps vortragen und eine Rückmeldung einholen

Ein Gedicht zu zweit lesen

1 Suche dir einen Partner.

2 Jeder liest das Gedicht allein.

Der Autor schreibt in seinen Gedichten alle Wörter klein.

komm wir spieln das nachsagespiel
von Arne Rautenberg

komm wir spieln das nachsagespiel
komm wir spieln das nachsagespiel
aber ich will alles nachsagen
aber ich will alles nachsagen
5 nein falsch
nein falsch
du bist echt blöde
du bist echt blöde
echt
10 echt
haha ha
haha ha
hehe also nee
hehe also nee

15 du klingst ja wie ein papagei
du klingst ja wie ein papagei
komm jetzt hör mal auf damit
komm jetzt hör mal auf damit
idiot
20 idiot
hast du mich eben idiot genannt
hast du mich eben idiot genannt
hör jetzt auf
hör jetzt auf
25 sonst hau ich dir gleich eine
sonst hau ich dir gleich eine
so
au

3 Sprecht über das, was ihr gelesen habt. Worum geht es in dem Gedicht?

4 Jeder schreibt das Gedicht ins Heft.

> 4) komm wir spieln ...
> von ...

5 a) Setzt dort hinter die Verse
Punkte . , Ausrufezeichen !
oder Fragezeichen ?,
wo es für die Betonung wichtig ist.

b) Besprecht, wie ihr eure Stimme den Gefühlen
und Stimmungen im Gedicht anpassen könnt.

fröhlich, wütend, gehässig, genervt, ...

6 Verteilt die beiden Sprecherrollen.
Jeder markiert seine Rolle.
Probiert aus, wie ihr die einzelnen Verse sprechen könnt.

7 Jeder übt seinen Text für sich allein.

8 Übt das Gedicht gemeinsam für einen Vortrag.

9 Sucht euch drei Kinder und tragt ihnen das Gedicht vor.
Fragt sie, was ihnen gut gefallen hat und was ihr noch verbessern könnt.

Ein Gedicht sinnverstehend lesen und über den Inhalt sprechen
Satzzeichen als Betonungshilfe setzen und passende Stimmlagen für den Vortrag nutzen
Ein Gedicht zu zweit vortragen und eine Rückmeldung einholen

Einen lautmalerischen Text vortragen

1 Lies den Text.

Hamsterkäfig
von Mathias Jeschke

Sch, sch, schrr.
Raschel, raschel.
Husch, wusel, wusel.
Krrr, knack.

Drrr.
Rttsch…

T-t-t-t-t-t-t-t-t-t-t.
Sssrrr, sssrrr,
sssirrr, sssirrr.
Sssssiiiiirrrrrrr.
Rrrrrr.
Trrrrrrr.

Wenn im Vers deine Stimme lauter wird, notiere das mit einem Pfeil: ⟶
Wird sie leiser, notiere das so: ⟶
Wenn du eine Pause machst, notiere dieses Zeichen: //

Prscht. Krscht.
Schrrr.
–
Husch, wusel.
Knack.
S.
T.
Sch.

2 Lege einen Zettel neben das Gedicht von Aufgabe 1.

3 Lies den Text Strophe für Strophe halblaut.

a) Notiere, an welchen Stellen du eine Pause machst.

b) Notiere, bei welchen Versen deine Stimme lauter oder leiser wird.

c) Überlege, an welchen Stellen du zusätzliche Geräusche machen kannst.

4 Übe deinen Lesevortrag so lange, bis du zufrieden bist.

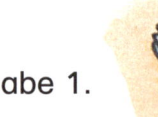

5 Trage den Text einem Partner vor. Frage ihn, was ihm gut gefallen hat und was du noch verbessern kannst.

Den Vers „Raschel, raschel" lese ich nicht nur vor. Zusätzlich raschle ich mit Zeitungspapier.

Vorlesezeichen und Pausenzeichen in einen Text setzen
Passende Geräusche zur Untermalung des Vortrages finden und nutzen
Einen Text vortragen und eine Rückmeldung einholen

Ein Gedicht inszenieren und vortragen

1 Lies das Gedicht.

Der Ring
von Erwin Grosche

Ich habe einen Ring, der macht mich unsichtbar
ich drehe ihn im Kreis und bin dann nicht mehr da
So schleich ich fort ganz leis, entkomme der Gefahr
Ich habe einen Ring, der macht mich unsichtbar

5 Ich habe einen Ring, der macht mich unsichtbar
Ich stand beim Juwelier, dann war ich nicht mehr da
Der schrie noch laut nach mir: „Bezahle Schurke, bar!"
Ich habe einen Ring, der macht mich unsichtbar

Ich habe einen Ring, der macht mich unsichtbar
10 Ich geb dir einen Kuss und bin dann nicht mehr da
und gibst du mir 'nen Kuss, sind wir ein Liebespaar
Ich habe einen Ring, der macht mich unsichtbar

Ich habe einen Ring, der macht mich unsichtbar
und hab ich Streit mit dir, dann bin ich nicht mehr da
15 Selbst unser Lehrer hier sucht mich seit einem Jahr
Ich habe einen Ring, der macht mich unsichtbar

Requisiten nennt man das Zubehör für ein Theaterstück. Dieses Tuch ist eines meiner Requisiten.

2 Welche Requisiten kannst du
für deinen Gedichtvortrag nutzen?
Schreibe ins Heft.

2) ...

3 Lege einen Zettel neben das Gedicht.
Schreibe neben das Gedicht die Wörter rot,
zu denen du Geräusche machen kannst,
und die Wörter blau, zu denen du
Bewegungen machen kannst.

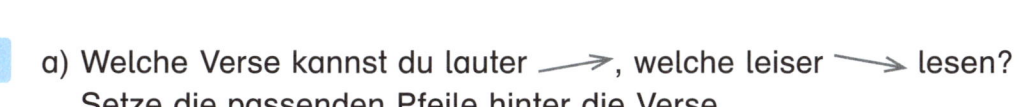

4 a) Welche Verse kannst du lauter ⟶, welche leiser ⟶ lesen?
Setze die passenden Pfeile hinter die Verse.

b) Überlege, wie du deine Stimme passend zum Text verändern kannst.

5 Lerne das Gedicht auswendig und übe deinen Vortrag.

6 Suche dir drei Kinder und trage ihnen das Gedicht vor.
Frage sie, was ihnen gut gefallen hat
und was du noch verbessern kannst.

Ein Gedicht durch Requisiten, Bewegungen und Geräusche inszenieren
Ein Gedicht auswendig stimmungsvoll vortragen
Eine Rückmeldung einholen

AH S. 78–80

Ein Buch mit einem Lapbook präsentieren

1 Wie hast du schon mal ein Buch vorgestellt?
Sprich mit einem Partner darüber.

Lapbook ist Englisch und heißt übersetzt **Schoßbuch**.
Es ist eine Mappe, in der Inhalte zu einem Thema, zum Beispiel
zu einem Kinderbuch, präsentiert werden.
Auf ein Deckblatt auf deiner Mappe schreibst du Informationen zum Buch und über
dich. Das, was du über dein Buch berichten willst, schreibst du auf Karten, Klappen,
Leporellos, Drehscheiben, … und klebst sie ein.
Beim Präsentieren öffnest du das Lapbook und zeigst die Inhalte.

2 Was stellt Flora oben im Bild mit ihrem Lapbook vor?
Wie präsentiert sie die Inhalte?
Sieh dir das Bild an und mache dir Notizen im Heft.

2) ...

3 Überlege mit einem Partner,
welche Bereiche bei einer
Buchvorstellung wichtig sind.

Als Mappe
für dein Lapbook kannst du
einen gefalteten DIN A3-
Karton oder eine Sammelmappe
in der Größe DIN A4
benutzen.

Über Buchpräsentationsformen nachdenken
Die Präsentationsform Lapbook kennenlernen

Ein Deckblatt für das Lapbook planen

1 Wähle ein Buch aus, das du gern gelesen hast.
Schreibe Informationen zu deinem Buch und dir ins Heft.

> 1) Titel des Buches: ...
> _____

- Titel des Buches
- Autor/Autorin
- Illustrator/Illustratorin
- erschienen im Verlag
- Das Lapbook hat gestaltet

Ein Lapbook musst du gut planen!

Figuren kann ich mit wenigen Strichen zeichnen.

2 Plane das Deckblatt deines Lapbooks.

a) Überlege, wie du die Informationen von Aufgabe 1 anordnest.

b) Mache Skizzen von Bildern, die auf das Deckblatt passen.

c) Notiere, was sonst noch auf dem Deckblatt stehen soll.

3 Zeichne das Buchcover ab oder gestalte dein eigenes Cover.

4 Fasse den Klappentext deines Buches in wenigen Sätzen auf einem Zettel zusammen.

Mein Lieblingsbuch heißt "Mit Anne und Philipp im alten Ägypten. Die Autorin des Buches heißt Mary Pope Osborne.

Anne und ihr Bruder Philipp erleben spannende Abenteuer mit dem magischen Baumhaus, das öfter mal im Wald von Pepper Hill in Pensylvania auftaucht.

Harry Potter und der Feuerkelch

Dieses Buch wurde von Joanne K. Rowling geschrieben und hat 767 Seiten. Es handelt sich um einen Magier namens Harry Potter.

Das vierte Schuljahr in Hogwarts (Zauberschule) beginnt für Harry. Doch davor ...

5 Gestalte mithilfe deiner Aufzeichnungen ein Deckblatt für dein Lapbook. Verwende dafür ein DIN-A4-Blatt.

© Harald Juch

Ein Kinderbuch für eine Lapbookpräsentation auswählen
Formaldaten zum Buch verschriftlichen
Ein Deckblatt für das Lapbook planen und gestalten

Informationen zum Buchinhalt sammeln

1   Welche Figuren kommen in deinem Buch vor?
Schreibe sie ins Heft.

1) ...

2   Wähle zwei Figuren aus dem Buch aus,
die du wichtig findest.
Sammle möglichst viele Informationen
zu diesen Figuren in zwei Mindmaps.

2) Aussehen

Du kannst
die Seiten in deinem
Buch noch einmal
überfliegen, damit du
die Informationen
findest.

Wichtige
Textstellen im Buch
kennzeichnest du mit
Klebezetteln oder
Büroklammern.

3   Finde eine Textstelle in deinem Buch,
in der du etwas über das Aussehen
und die typischen Eigenschaften
der Figuren von Aufgabe 2 erfährst.
Schreibe die Informationen auf einen Zettel.

4   Welche Gegenstände spielen in deinem Buch
eine wichtige Rolle?
Notiere mindestens drei Gegenstände auf einem Zettel
und schreibe eine Begründung dazu.

Pippi lebt mit
ihrem **Pferd** zusammen
und besitzt einen **Koffer**
mit viel Gold.

Informationen zu individuell bedeutsamen literarischen Figuren sammeln
Informationen zu literarischen Figuren in Mindmaps ordnen
Informationen zu bedeutsamen Gegenständen im Buch sammeln

5 Welche wichtigen Orte
kommen in der Geschichte vor?
Was erfährst du über sie?
Schreibe Stichworte ins Heft.

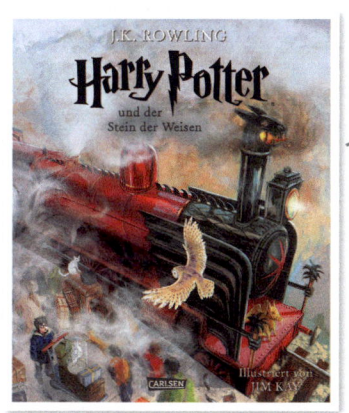

5) Wichtiger Ort: _____
-
-

Hogwarts – Zauberschule – Gryffindor

Ligusterweg – Harrys Zuhause – Zimmer unter Treppe

6 Mache dir Notizen zur Handlung
der Geschichte im Heft.
Die Reihenfolge soll so sein
wie in den einzelnen
Kapiteln im Buch.

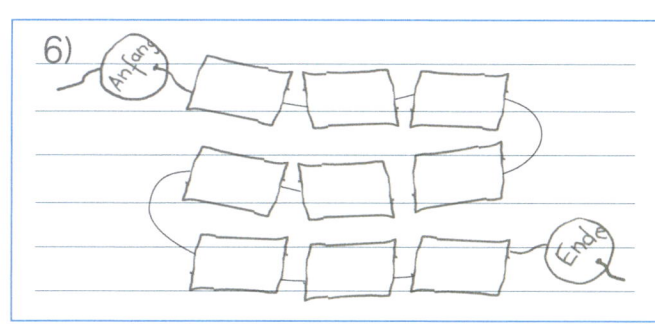

7 An welcher Stelle
in deinem Buch
könnte die Handlung
auch ganz anders
weitergehen?
Schreibe zu dieser Stelle
mit deinen Ideen
eine eigene Fortsetzung ins Heft.

Ein Buch besteht
aus mehreren Teilen, die man
Kapitel nennt. Die Kapitel haben
oft eigene Überschriften oder
sind nummeriert.

7) Kapitel ..., Seite ...

8 Sammle Informationen zum Autor oder zur Autorin deines Buches.
Schau im Buch selbst nach oder suche im Internet nach Informationen.
Du kannst die Stichworte nutzen oder weitere Informationen ergänzen.
Schreibe ins Heft.

| Geburtsdatum | Ausbildung |

| Wohnort | weitere Bücher |

Informationen zu wichtigen Orten im Buch sammeln
Die Handlung zusammenfassen, am roten Faden darstellen und eine eigene Wendung entwerfen
Informationen zum Autor oder zur Autorin sammeln

51

Über Besonderheiten im Buch nachdenken

1 Lies die Möglichkeiten, zu denen du etwas in deinem Lapbook gestalten kannst.

Das ist die traurigste Stelle im Buch.

Das sind meine Lieblingsstellen im Buch, weil …

Das ist die spannendste Stelle im Buch.

Das ist die gruseligste Stelle im Buch.

Diese Themen spielen im Buch eine wichtige Rolle.

Das ist die lustigste Stelle im Buch.

Du kannst auch eigene Ideen ergänzen!

2a) …
b)

2 a) Wähle eine Möglichkeit von Aufgabe 1 aus und schreibe sie ins Heft. Mache dir Notizen zu dem, was du ausgewählt hast.

b) Wähle eine weitere Möglichkeit von Aufgabe 1 aus und schreibe sie ins Heft. Mache dir Notizen zu dem, was du ausgewählt hast.

Das ist die gruseligste Stelle. Hier könnte ich auch noch ein Bild dazu malen.

3 Wem würdest du das Buch empfehlen und warum? Mache dir Notizen im Heft.

Ich gestalte eine Werbung für mein Buch.

3) Ich würde das Buch … empfehlen, weil …

Individuell bedeutsame Buchinhalte benennen
Informationen zu Besonderheiten im Buch sammeln und geordnet aufschreiben
Eine adressatenorientierte Buchempfehlung geben

Die Inhalte eines Lapbooks herstellen

1 Sieh dir an, wie das Lapbook gestaltet wurde.

2 Stelle dein Lapbook her.
Nutze das, was du in dieser Einheit erarbeitet hast.

a) Wähle Möglichkeiten von Aufgabe 1 aus.

b) Schreibe oder male auf eine Form
etwas zu Figuren, Orten
und den Besonderheiten im Buch.

3 Probiere aus, wie du die einzelnen Teile
in deinem Lapbook anordnen kannst.
Klebe sie auf, wenn du für alles
einen guten Platz gefunden hast.

4 Übe, dein Buch mithilfe deines Lapbooks
vorzustellen.

5 Stelle deiner Klasse dein Buch
mithilfe deines Lapbooks vor.

Die Geisterbibliothek
von David Melling

Bo war früh ins Bett gegangen.
Sie war nicht müde, deshalb beschloss sie,
noch eine Weile in ihrem Lieblingsbuch zu lesen.
Die Geschichte war toll – es ging

5 um eine Hexe mit Stinkefüßen.
Bo war gerade zu der spannenden Stelle
über Socken mit Erdbeergeruch
gekommen, als ohne Vorwarnung
das Licht ausging! Bo spürte

10 einen kalten Luftzug. Etwas schniefte
und wisperte in der Dunkelheit. „Ich kann nichts sehen!"
„Es ist irgendwo hier!" „Oh, das ist meine Nase."
Schatten kamen näher. Eine feuchte Hand schnappte nach Bos Buch.
Es ging so schnell und Bo hielt das Buch so fest, dass sie mit ihm

15 in die Luft gerissen wurde. „Ich hab's!", schrie eine Stimme.
Bo hielt die Augen geschlossen und versuchte, das Buch nicht loszulassen.
Deshalb konnte sie nicht sehen, wie sie durch ihre Schlafzimmerwand hinausflog
und in den nächtlichen Himmel, auf einen sehr hohen Turm zu,
der vor fünf Minuten noch nicht dort gestanden hatte.

20 Bevor sie wusste, wie ihr geschah, befand sich Bo in der Geisterbibliothek.
Ich muss wohl träumen, dachte Bo. Sie hatte noch nie im Leben
Geister getroffen, aber sie hatte sie sich immer ganz anders vorgestellt
als die drei Gestalten, die sie jetzt anlächelten.
„Äh, hallo", sagte der Große. „Ich bin Lulatsch."

25 „Ich bin Plopp", sagte ein anderer Geist und schwebte um Bos Kopf.
„Und ich bin Toffiefee", sagte eine dritte Stimme von irgendwo neben ihren
Pantoffeln. „Was für eine Überraschung! Willkommen in der Geisterbibliothek."
„Was soll das heißen, eine Überraschung?", sagte Bo.
„Ihr habt mich doch selbst hergebracht."

30 „Hm, ja", sagte Lulatsch. Er sah ein bisschen verlegen drein.
„Die Sache ist die, wir wollten dein Buch, aber du hast es nicht losgelassen.
Nun ja, da bist du eben mitgekommen."
Wieder zerrte er ein bisschen an dem Buch in Bos Hand.
„Wir sammeln Bücher für unsere Bibliothek", sagte Plopp.

35 Bo schaute an den Regalen hinauf. „Aber die ist ja ganz leer!
Ihr wolltet mein Buch stehlen", sagte Bo wütend.

„Oh nein", stotterte Toffiefee. „Wir sind keine Diebe. Wir haben nur keine eigenen Bücher, deshalb nehmen wir Bücher von Kindern und lesen sie ein paarmal, und dann … dann geben wir sie zurück!"

40 Sie sahen sehr traurig aus und Lulatsch schnaubte geräuschvoll in ein Taschentuch. „Wir wollen eine Geschichte hören", sagte Plopp schnell. Alle schauten Bo an. „Ihr wollt, dass ich euch eine Geschichte vorlese?", sagte sie. „Na ja, wenn du nun schon mal hier bist", sagten sie. „Das wäre wunderbar." „GESCHICHTENZEIT!", brüllte Plopp.

45 Plötzlich spürte Bo einen unheimlichen Luftzug, als ein Geist nach dem anderen in die Bücherei geflogen kam und es sich in den Regalen bequem machte. Kaum sahen die Geister Bo, fingen sie aufgeregt an zu plappern. „Du lieber Himmel, wer ist denn das?" „Ich weiß nicht, aber ich hoffe, die

50 Geschichte ist gut." Allmählich hörte das Gemurmel auf und es wurde sehr still. Alle warteten. Bo seufzte. Sie setzte sich hin und begann, aus ihrem Buch über die Hexe vorzulesen.

„In einer dunklen und düsteren Höhle lebte eine Hexe, die hatte so fürchterliche

55 *Stinkefüße, dass ihre Katze eine Wäscheklammer auf der Nase trug. Deshalb konnte sie kaum noch richtig schnurren."*

60 *„… und solange die Hexe ihre Schuhe nicht auszog, roch sie ihre Füße nie wieder."*

Bo klappte das Buch zu.

65 Die Geister hatten gebannt zugehört. „Das war eine tolle Geschichte!", sagten sie. „Erzähl uns noch eine." „Nein", sagte Bo. „Jetzt seid

70 ihr dran. Warum erzählt ihr mir denn keine Geschichte?" Sie wurden rot. „Ach, das können wir einfach nicht." „Wir kennen keine", sagte

75 Lulatsch. „Deshalb leihen wir uns doch Bücher aus.

Wir sind die Geschichtenbuch-Sammler."

„Aber ihr könnt euch jede Geschichte ausdenken, die ihr nur wollt", sagte Bo.

„Schaut euch doch um, Geschichten gibt es überall!"

80 Plopp suchte in ihren Taschen. Dann schaute sie auch in Toffiefees Taschen
nach. Auf einmal fingen alle an zu suchen. Bo lachte. „Nein, doch nicht so!
Ich werde euch helfen. Los, jeder sagt, was ihm einfällt."

Die Geister waren so aufgeregt, dass sie alle durcheinanderschrien.

„Es muss ein Geist vorkommen, der schaurig heulen kann."

85 „Und geheimnisvolle, schleichende Schatten."

„Mit Schielaugen und Spinnenhauch!"

„Natürlich", rief Bo. „Los, erzählen wir eine Geistergeschichte!"

Die Geister entschieden, dass Bo die Geschichte erzählen sollte.

Nur sie konnte an den richtigen Stellen die merkwürdigsten Stimmen machen.

90 Deshalb ließen sie sich nieder und hörten ihr zu.

„In einer dunklen, düsteren Nacht krochen drei Geschichtenbuch-Sammler
in das Schlafzimmer eines kleinen Mädchens namens Bo ..."

... und bis zum heutigen Tag ist die Geisterbibliothek voller Geschichten.

Meistens geht es in den Geschichten um Geister, aber wenn man

95 genau hinschaut, entdeckt man auch eine über eine Hexe, eine Katze
und eine Wäscheklammer.

Als Bo in ihr Zimmer zurückkam, fand sie eine kleine Karte auf ihrem Kissen.

Darauf stand in winzigen silbernen Buchstaben, die tanzten und glitzerten,

als sie sie las ...   FREUNDESKREIS der GEISTERBIBLIOTHEK

100   VOLLE MITGLIEDSCHAFT

Und jetzt besucht Bo manchmal die Geisterbibliothek. Und manchmal besuchen
die Geister sie! Aber wie es auch sei, sie bestehen immer darauf, dass Bo ihnen
etwas vorliest – mit all den merkwürdigen Stimmen an den richtigen Stellen.

1 Was verrät die Überschrift
von der Geschichte?
Schreibe ins Heft.

1) ...

2 Wie hat dir die Geschichte gefallen?
Schreibe deine Meinung ins Heft.

2) Mir hat die
Geschichte ...

89-92

Eine lange Geschichte lesen
Die inhaltliche Bedeutung einer Überschrift reflektieren
Sich eine Meinung über eine Geschichte bilden und diese schriftlich begründen